Julius Fast

Körpersprache

Deutsch von Jürgen Abel

Wunderlich Taschenbuch

Neuausgabe Januar 2002

Veröffentlicht im Rowohlt Taschenbuch Verlag GmbH,
Reinbek bei Hamburg, April 1979

Die Originalausgabe erschien unter dem Titel
«Body Language» im Verlag M. Evans and Company, New York

Umschlaggestaltung any.way, Barbara Hanke / Cordula Schmidt
Satz Aldus (Linotron 505 C)
Gesamtherstellung Clausen & Bosse, Leck
Printed in Germany
ISBN 3 499 26364 5

Inhalt

1
Der Körper ist die Botschaft

Kinesik – eine neue Wissenschaft

In den letzten Jahren wurde eine neue und erregende Wissenschaft entdeckt und entwickelt: die Wissenschaft von der Körpersprache. Der Darstellung und wissenschaftlichen Erforschung der Körpersprache hat man den Namen Kinesik gegeben. Die Kinesik deutet die Verhaltensmuster der nicht-verbalen Kommunikation. Diese Disziplin ist noch so neu, daß man ihre Experten an den Fingern einer Hand aufzählen kann.

Kinesik und Verhaltensmuster

Klinische Untersuchungen weisen nach, in welchem Ausmaß die Körpersprache den verbalen Äußerungen widersprechen kann. Das klassische Beispiel ist eine junge Frau, die ihrem Psychiater erklärte, sie liebe ihren Freund, wobei sie mit einem Kopfschütteln unbewußt ihre Äußerung widerrief.

Gruppenanalyse

Die Erforschung der Körpersprache hat auch völlig neues Licht auf das Kräftespiel der Beziehungen in einer Familie geworfen. Eine Familie, die zwanglos zusammensitzt, kann einem Beobachter allein durch die Arm- und Beinbewegungen ihrer Mitglieder aufschlußreiche Einblicke in ihre Struktur bieten. Wenn die Mutter als erste die Beine übereinanderschlägt und die übrigen Anwesenden ihrem Beispiel folgen, hat sie in dieser Situation die Führung übernommen, auch wenn sie und die anderen Familienmitglieder sich unter Umständen gar nicht darüber im klaren sind. Ja, ihre Worte können sogar die Führungsrolle Lügen strafen, wenn sie den Mann oder die Kinder ausdrücklich um Rat fragt. Aber das nicht-verbale Folgt-dem-Führer-Signal in ihren Bewegungen verrät jedem, der etwas von Kinesik versteht, wie die Struktur der Familie aussieht.

Verräterische Bewegungen

Führungsrolle

Ein neues Signal aus dem Unbewußten

Dr. Edward H. Hess berichtete kürzlich bei einer Tagung des American College of Medical Hypnotists von einem neuentdeckten Signal der Körpersprache. Wenn das Auge etwas Erfreuliches oder Angenehmes wahrnimmt, weitet sich unbewußt die Pupille. In der Praxis kann diese Entdekkung beispielsweise beim Pokerspiel eine große Hilfe sein, wenn der Spieler zu den ‹Wissenden› gehört. Sobald sich die Pupille eines seiner Gegenspieler weitet, darf er sicher sein, daß dieser ein gutes Blatt in der Hand hält. Dabei braucht der Spieler seine Fähigkeit, das Signal zu entschlüsseln, nicht einmal bewußt zu kennen – wie sich auch der Gegenspieler vielleicht gar nicht bewußt ist, daß er sein gutes Blatt signalisiert.

Veränderung der Pupille

Dr. Hess hat herausgefunden, daß sich bei den meisten Männern der Pupillenumfang verdoppelt, wenn sie das Bild einer nackten Frau sehen.

Wie Dr. Hess erwähnt, läßt sich dieses neue Gesetz anwenden, um die Werbewirksamkeit eines Fernseh-Spots zu testen. Während der Spot einem ausgewählten Publikum vorgeführt wird, filmt man die Augen der Zuschauer. Später wird der Film genau daraufhin untersucht, wann sich die Pupillen der Zuschauer geweitet haben. Mit anderen Worten: man stellt fest, wann sich unbewußte positive Reaktionen auf den Werbespot zeigen.

Positive Reaktion

Die Körpersprache umfaßt jede bewußte oder unbewußte Bewegung eines Körperteils oder des ganzen Körpers, die von einem Menschen dazu benutzt wird, der Außenwelt emotionale Botschaften zu übermitteln.

Definiton der Körpersprache

Um diese wortlose Körpersprache richtig zu verstehen, müssen die Kinesik-Experten kulturelle und umweltbedingte Unterschiede berücksichtigen. Ein Laie, der sich in den kulturell bedingten Nuancen der Körpersprache nicht auskennt, mißversteht oft das, was er sieht.

Kulturbedingte Nunancen

Was man bei Mädchen wissen muß

Allen kam aus einer Kleinstadt und besuchte seinen Freund Ted in der Großstadt. Eines Abends, auf dem Weg zu Ted, der eine große Cocktailparty gab, sah Allen, wie vor ihm ein hübsches, dunkelhaariges Mädchen über die Straße ging und dann den Bürgersteig entlangschlenderte. Allen folgte ihr und staunte über ihren eindeutig einladenden Gang – wenn er jemals die Übermittlung einer nicht-verbalen Botschaft erlebt hatte, dann jetzt!

Scheinbare Aufforderung

Er folgte ihr einen Häuserblock weit, bemerkte, daß dem

Mädchen seine Gegenwart nicht entgangen war, und bemerkte zugleich auch, daß ihr Gang sich trotzdem nicht im mindesten änderte. Allen war ganz sicher: Es handelte sich um eine Aufforderung.

Schließlich nahm er an einer Ampel, die auf Rot stand, all seinen Mut zusammen, stellte sich neben die Schöne, lächelte sie strahlend an und sagte: «Hallo!»

Schiffbruch

Zu seinem größten Erstaunen sah sie ihn wütend an und zischte ihm zu: «Wenn Sie mich nicht sofort in Ruhe lassen, rufe ich einen Polizisten.» Dann sprang die Ampel auf Grün, und das Mädchen rauschte davon.

Allen war verblüfft und errötete vor Scham und Verlegenheit. Er ging eilig zu Teds Wohnung, wo die Party schon in vollem Gange war. Während Ted ihm einen Drink einschenkte, erzählte er von seinem Abenteuer, und Ted lachte: «Da hast du ganz schön danebengetippt, mein Junge.»

«Aber zum Teufel, Ted, bei uns würde ein Mädchen niemals so gehen, wenn sie nicht genau das wollte . . .»

Die anständigen Spanierinnen

«Aber du bist hier in einem spanischsprechenden Viertel. Die meisten Mädchen sind trotz ihres aufreizenden Äußeren anständig», erklärte Ted. Allen hatte einfach nicht berücksichtigt, daß Mädchen in einer kulturellen Umgebung, in der sie – wie in vielen spanischsprechenden Ländern – ständig beschützt und begleitet werden und wo das gesellschaftliche Verhalten einem strengen Kodex unterworfen ist, ihre Sexualität offen zur Schau tragen dürfen, ohne befürchten zu müssen, daß sie damit lästige Annäherungsversuche auslösen. Der Gang, den Allen als Aufforderung verstanden hatte, galt hier als vollkommen natürlich; die betont aufrechte und strenge Haltung einer typischen Amerikanerin würde man in einer solchen Umgebung wahrscheinlich für ungraziös und gekünstelt halten.

Schutz durch Konvention

Allen machte seine Runde unter den Partygästen und vergaß langsam die peinliche Abfuhr.

Gegen Ende der Party kam Ted zu ihm und fragte: «Na, hast du was Bestimmtes im Auge?»

«Diese Janet», seufzte Allen, «die ist wirklich toll.»

«Gut, dann nichts wie ran. Frag sie, ob sie noch ein bißchen bleiben will. Margie bleibt auch noch, und dann können wir zusammen was essen.»

«Ich weiß nicht. Sie ist so . . . also, ich komme nicht richtig an sie ran.»

«Du spinnst.»

«Nein. Sie hat schon den ganzen Abend dieses ‹Hände-weg›-Gehabe . . .»

«Aber Janet mag dich. Sie hat es mir selbst gesagt.»

Das Party-Mißverständnis

«Aber . . .» sagte Allen, der nun völlig durcheinander war, «warum ist sie dann so . . . so . . . ich weiß nicht, sie sieht eben so aus, als möchte sie auf keinen Fall, daß ich sie auch nur mit dem kleinen Finger anrühre.»

«Das ist nun mal Janets Art. Du hast es eben nicht richtig kapiert.»

«Ich werde diese Stadt nie begreifen», sagte Allen, immer noch verwirrt, aber mindestens besser gelaunt.

Flirtsignale und kulturelle Normen

Allen mußte also erfahren, daß Mädchen in romanischen Ländern ganz ungeniert und unmißverständlich sexuelle Signale zum Flirt aussenden können und doch durch alle möglichen Konventionen so wirksam geschützt sind, daß physische Annäherungsversuche so gut wie aussichtslos bleiben. In Ländern, wo dieser Schutz weniger wirksam ist, verteidigen sich die Mädchen durch eine Reihe nicht-verbaler Botschaften, die ausnahmslos ‹Hände weg› bedeuten. Wenn sich ein Mann auf der Straße einem fremden Mädchen nähern darf, ohne bestehende kulturelle Normen zu verletzen, können Mädchen sich frei und ungehemmt bewegen. In einer Stadt wie New York dagegen, wo Mädchen – besonders auf Cocktailparties – ständig mit allem rechnen müssen, lernen sie schnell, die ‹Hände-Weg›-Botschaft auszustrahlen. Dazu halten sie sich betont aufrecht, schlagen die Beine sittsam übereinander, wenn sie sitzen, kreuzen die Arme über der Brust und verwenden weitere, ähnliche Verteidigungsgesten.

Abwehrbotschaften des Körpers

Bei der Körpersprache kommt es immer auf zwei Dinge an – das Aussenden der Botschaft und den Empfang der Botschaft. Das ist der springende Punkt. Hätte Allen die Botschaften richtig, nämlich in der Sprache der Großstadt, gedeutet, wäre ihm die Abfuhr bei der ersten Begegnung und die Ungewißheit bei der zweiten erspart geblieben.

Sprachebenen der Körpersprache

Berühren oder Nichtberühren

Wer die Körpersprache richtig versteht und anwendet, kann sie einsetzen, um individuelle Verteidigungslinien zu durchbrechen. Ein Geschäftsmann, der sich etwas zu eifrig um einen höchst einträglichen Geschäftsabschluß bemühte, mußte feststellen, daß er die Signale mißverstanden hatte.

Der mißtrauische Kleinstädter

«Es war ein Abschluß», erzählte er mir, «der nicht nur für mich, sondern auch für Tom selbst sehr günstig gewesen wäre. Tom war aus Bountiful nach Salt Lake City gekommen. Geographisch ist das keine Entfernung, aber kulturell liegen Welten dazwischen. Bountiful ist eine lausige Kleinstadt, und Tom war der festen Ansicht, man wäre in der Großstadt nur darauf aus, ihn übers Ohr zu hauen. Ich glaube, er war sogar überzeugt, daß der Abschluß für uns beide günstig gewesen wäre, aber er konnte meinem Verhalten ihm gegenüber einfach nicht trauen. Ich war für ihn der Geschäftsmann aus der Großstadt, der Wind macht und irgendwelche krummen Dinge dreht, und er war der kleine Kaufmann, dem das Fell über die Ohren gezogen werden sollte. Ich versuchte, seine Einstellung gegenüber dem Geschäftsmann aus der Großstadt zu überspielen und legte ihm freundschaftlich den Arm um die Schulter. Und diese verwünschte Berührung hat alles kaputtgemacht.»

Freundlichkeit am falschen Ort

Einbruch in die Verteidigungszone

Mein Bekannter war in Toms Verteidigungszone mit einer nicht-verbalen Botschaft eingedrungen, auf die der Empfänger nicht vorbereitet war. Er hatte in der Körpersprache zu sagen versucht: ‹Sie können mir vertrauen. Wir wollen einander näherkommen.› Aber damit hatte er lediglich den Eindruck eines nicht-verbalen Angriffs hervorgerufen. Weil der übereifrige Geschäftsmann Toms Verteidigungszone nicht beachtete, hatte er sich das Geschäft verdorben.

Botschaft der Berührung

Das wirksamste und deutlichste Verfahren der Körpersprache ist eine Berührung. Wer die Schulter eines Menschen mit der Hand oder mit dem Arm berührt, kann eine lebendigere und direktere Botschaft übermitteln, als er es mit Dutzenden von Wörtern tun könnte. Aber eine solche Berührung muß im richtigen Augenblick und im richtigen Zusammenhang erfolgen.

Jeder Junge lernt früher oder später, daß sich ein Mädchen plötzlich abwendet, wenn er es im falschen Augenblick berührt.

Zwanghafte Berührtypen

Es gibt Menschen, die zu den zwanghaften ‹Berührtypen› gehören und ihr Gegenüber ständig berühren müssen, aber sonst Botschaften von Freunden und Bekannten anscheinend nicht wahrnehmen. Diese Menschen berühren und tätscheln andere auch dann, wenn man sie in der Körpersprache mit Bitten und Aufforderungen bombardiert, es zu unterlassen.

Wer einsam ist, muß streicheln

Die Geste des Berührens und Streichelns ist an sich ein sehr wichtiges Signal. Wenn man einen leblosen Gegenstand berührt, so kann man damit eine deutliche und dringende Botschaft oder eine Bitte um Verständnis aussenden. Nehmen wir den Fall von Tante Grace. Die alte Dame war zum Mittelpunkt einer Familiendiskussion geworden. Einige Familienmitglieder waren der Meinung, sie wäre besser in einem netten und gutgeführten Altersheim in der Nähe aufgehoben, wo sie nicht nur Menschen hätte, die für sie sorgten, sondern auch viel Gesellschaft.

Die anderen meinten, das hieße Tante Grace ‹abzuschieben›. Sie hatte ein recht gutes Einkommen und eine hübsche Wohnung, und sie konnte noch sehr gut selbst für sich sorgen. Warum sollte sie nicht bleiben, wo sie war, und ihre Unabhängigkeit und Freiheit genießen?

Tante Grace selbst erwies sich im Laufe der Diskussion nicht gerade als große Hilfe. Sie saß in der Mitte der Gruppe, streichelte ihre Kette und nickte ab und zu, nahm einen kleinen Briefbeschwerer aus Alabaster in die Hand und ließ ihre Finger zärtlich über ihn gleiten, fuhr mit einer Hand über den Samt des Sofas und betastete mit der anderen die holzgeschnitzte Kante.

Die Streichlerin

«Was die Familie auch entscheidet», sagte sie mit sanfter Stimme, «ich will niemandem zur Last fallen.»

Die Familie konnte sich nicht entscheiden und setzte die Diskussion fort, während Tante Grace weiterhin alle Gegenstände in ihrer Reichweite streichelte. Bis die Familie endlich die Botschaft verstand. Übrigens war es eine ganz deutliche Botschaft. Es war geradezu ein Wunder, daß niemand früher darauf geachtet hatte. Seit Tante Grace allein lebte, war sie zum ‹Streichler› geworden. Sie berührte und streichelte alles in ihrer Reichweite. Das wußte die ganze Familie, aber erst in diesem Augenblick begriff einer nach dem anderen, was ihr Streicheln ausdrückte. In der Körpersprache sagt sie damit: ‹Ich bin einsam. Ich sehne mich so nach Gesellschaft. Helft mir!›

Tante Grace zog zu einer Nichte und wurde zu einem neuen Menschen.

Kontaktsuche

Wie Tante Grace, senden wir alle in der einen oder anderen Art unsere kleinen Botschaften in die Umwelt. Wir sagen: ‹Hilf mir, ich bin einsam›, ‹Nimm mich, ich bin zu haben›, ‹Laß mich allein, ich bin deprimiert›. Nur selten übermitteln wir unsere Botschaften bewußt. Wir stellen unseren jeweiligen Zustand durch die Sprache unseres Körpers dar. Wenn wir etwas nicht glauben, ziehen wir eine Augenbraue hoch. Wenn wir ratlos sind, reiben wir uns mit dem Finger an der Nase. Wir verschränken die Arme, wenn wir uns isolieren oder schützen wollen. Zum Zeichen der Gleichgültigkeit zucken wir die Achseln, mit einem Augenzwinkern deuten wir Vertrautheit oder Einverständnis an. Wir trommeln mit den Fingern, wenn wir ungeduldig sind, und schlagen uns auf die Stirn, wenn wir etwas vergessen haben. Es gibt unzählige solcher Gesten. Einige werden überlegt und andere fast überlegt eingesetzt, wieder andere bleiben meist unbewußt – wie das Reiben der Nase, wenn wir ratlos sind, oder das Verschränken der Arme, wenn wir uns instinktiv schützen wollen.

Bewußte Botschaften

Spielbreite der Körpersprache

Studium der Körpersprache bedeutet Studium der Mischungen und Kombinationen aller Körperbewegungen, von den sehr genau überlegten bis zu den vollkommen unbewußten, von denen, die nur in einer bestimmten kulturellen Umgebung verstanden werden, bis zu denen, die über alle Kulturgrenzen hinweg gelten.

2
Tiere und ihr Revier

Der symbolische Kampf

Erst seit kurzer Zeit beginnen wir, die Beziehung zwischen Kommunikationsprozessen bei Tieren und menschlicher Kommunikation zu verstehen. Viele unserer Einsichten in die nicht-verbale Kommunikation resultieren aus Experimenten mit Tieren. Vögel ‹verständigen› sich untereinander, indem eine Generation nach der anderen die gleiche Tonfolge und die gleiche, einfache oder komplizierte Melodie singt. Viele Jahre waren Wissenschaftler der Meinung, daß sich diese Tonfolgen und Melodien vererben – wie die Sprache der Tümmler, die Verständigungstänze bestimmter Bienenarten und das ‹Gequake› der Frösche.

Tierexperimente

Vererbung oder Lernprozeß

Inzwischen bezweifelt man, ob es sich ausnahmslos so verhält. Experimente scheinen darauf hinzudeuten, daß die Vögel ihren Gesang nicht ‹erben›, sondern erlernen. Wissenschaftler haben Vögel isoliert von ihren Artgenossen aufgezogen, und keines dieser Tiere konnte die typischen Melodien der Spezies erzeugen.

Erlernter Vogelgesang

Die Wissenschaftler, die diese Vögel aufzogen, brachten ihnen Fragmente von Volksliedern oder populären Schlagern bei, die die Melodie der Spezies ersetzten. Wenn nun aber solche Vögel sich selbst überlassen wurden, konnten sie sich beispielsweise nicht paaren, denn für die Paarung sind Vogelmelodien unabdingbare Voraussetzung.

Vogelmelodie und Paarung

Eine andere Verhaltensweise, die man lange Zeit ebenfalls als instinktiv bezeichnet hat, ist der symbolische Kampf von Hunden. Wenn zwei männliche Hunde aufeinandertreffen, laufen ihre Reaktionen nicht nach einem festen Schema ab. Am verbreitetsten ist jedoch das mit Knurren und Schnappen verbundene Vortäuschen eines Kampfes auf Leben und Tod. Nicht eingeweihte Zuschauer sind über dieses Verhalten meist beunruhigt und versuchen sogar, die scheinbar wütenden Tiere zu trennen. Der kluge Hundebesitzer dagegen schaut gelassen zu, er weiß, daß hier ein meist symbolischer Kampf entbrennt.

Der symbolische Kampf

Wer nun annimmt, es sei in Wirklichkeit gar kein Kampf, täuscht sich aber auch wieder. Die beiden Hunde wollen entscheiden, wer der Überlegene ist. Darum kämpfen sie. Gewinnen wird der, der aggressiver, vielleicht auch stärker und energischer ist als der andere. Der Kampf ist beendet, wenn beide Hunde erkennen, daß einer von ihnen gesiegt hat, obwohl keiner dem anderen ein Haar gekrümmt hat. Und dann passiert etwas Seltsames. Der besiegte Hund legt sich rücklings auf die Erde und bietet dem Sieger seine Kehle dar.

Siegesritual und Demutsstellung

Auf diese Kapitulation reagiert der Sieger einfach dadurch, daß er eine bestimmte Zeit über dem Unterlegenen steht, seine Zähne fletscht und grimmig knurrt. Dann gehen beide wieder ihres Weges, und der Kampf ist vergessen.

Eine Verständigung ohne Worte hat stattgefunden. Der Unterlegene sagt: ‹Ich gebe zu, daß du stärker bist, und ich biete dir meine verletzliche Kehle dar.›

Der Sieger erklärt: ‹Ich bin in der Tat stärker als du, und ich knurre und zeige meine Stärke, aber nun Schluß, wir wollen uns trennen.›

Schonung der Artgenossen

Hier bietet sich eine interessante Nebenbemerkung an: Bei fast keiner höheren Tierart töten Artgenossen einander aus irgendeinem Grund, obgleich sie aus vielerlei Gründen miteinander kämpfen. Bei Rehböcken in der Brunft können sich solche halbsymbolischen Kämpfe allerdings zu erbitterten Duellen entwickeln, aber wenn es ganz ernst zu werden droht, greifen sich die Tiere merkwürdigerweise nicht mehr gegenseitig an, sondern lassen ihren Zorn an den Bäumen in der Nähe aus.

Abreaktion

Bestimmte Vogelarten brechen ihre Streitigkeiten nach heftigen und bösen Anfangsgeplänkeln einfach ab und wenden sich mit verbissener Wut dem Nestbau zu. Antilopen können mit ihrem Gestänge aufeinanderstoßen und um den Vorrang kämpfen, aber auch der unerbittlichste Kampf wird nicht immer mit dem Tod des einen Tieres, sondern mit einer rituellen Niederlage enden. Tiere beherrschen die Kunst, bestimmte Beziehungen zueinander in einer Art Pantomime darzustellen, die der Körpersprache nahe verwandt ist.

Pantomime der Tiere

Erbliches und erlerntes Verhalten

Die strittige Frage bei den symbolischen Kämpfen von Hunden und anderen Tieren ist, ob diese Verhaltensweise und diese Art der Kommunikation ebenso erblich sind wie die Instinkte, ob sie also von vornherein im genetischen Material der Spezies festgelegt sind und von einer Generation an die folgende weitergegeben werden, oder ob sie von jedem Tier neu erlernt werden.

Ich erwähnte, daß bei bestimmten Singvögeln die Melodie der Spezies erlernt werden muß; bei anderen jedoch sind die Tonfolgen zweifellos instinktiv. Hänflinge lernen ihre Melodien, während Rohrdommeln die Fähigkeit erben, die für ihre Spezies charakteristischen Lieder zu erzeugen – ob sie in ihrer Jugend mit anderen Rohrdommeln zusammen sind oder nicht. Beim Studium der Verhaltensweisen von Tieren müssen wir sehr sorgfältig vorgehen und uns vor Verallgemeinerungen hüten. Was für eine bestimmte Vogelart zutrifft, braucht noch lange nicht für eine andere zuzutreffen. Was für Tiere gilt, braucht noch lange nicht für Menschen zu gelten. Zahlreiche Wissenschaftler nehmen an, das symbolische Kämpfen der Hunde beruhe auf ererbtem Verhalten, aber ein erfahrener Hundezüchter versicherte mir, dieses Verhaltensmuster sei erlernt.

Melodien der Vögel

«Beobachten Sie einmal eine Mutterhündin, wenn ihre Jungen sich streiten. Sobald einer als Sieger feststeht und den Sieg dazu ausnutzen will, dem Unterlegenen wirklich Schaden zuzufügen, greift die Mutter sofort ein und zwingt den Sieger zur Neutralität. Sie bringt ihm bei, die Niederlage des anderen zu respektieren. Nein, Hunde müssen symbolische Verhaltensweisen erlernen.»

Lernvorgänge bei Hunden

Andererseits gibt es auch Hunde, beispielsweise die grönländischen Eskimo-Hunde, die beim Erlernen symbolischer Verhaltensmuster allem Anschein nach immense Schwierigkeiten zu überwinden haben. Der holländische Naturwissenschaftler Niko Tinbergen berichtet, daß jedes Rudel Eskimo-Hunde ein ganz bestimmtes Revier besitzt. Junge Rüden verletzen nun ständig die Grenzen dieser Reviere und werden deshalb immer wieder von den älteren Rüden bestraft, die die Grenzen festgelegt haben. Und doch scheinen die Jungtiere einfach nicht zu lernen, wo die Grenzen liegen. Das tun sie erst, wenn sie die Sexualreife erlangt haben.

Begriffsstutzige Eskimo-Hunde

Nach ihren ersten Kopulationsversuchen begreifen sie plötzlich, wo die genauen Grenzen sind. Handelt es sich hier um einen Lernprozeß, der nach der Geburt begonnen und erst jetzt beendet wurde? Oder um einen instinktiven Vorgang, der sich erst mit der Geschlechtsreife voll entwickelt?

Ist Sprache erblich?

Die Vererbung von Instinkten ist schon ein ziemlich kompliziertes Problem, und der Prozeß des Lernens ist es nicht minder. Es ist schwierig, die Grenze zwischen Vererbung und Erlernung von Kommunikationssystemen festzulegen. Nicht alle Verhaltensmuster werden erlernt, nicht alle werden ererbt. Das gilt auch für den Menschen.

Universalität der Körpersprache

Und damit wären wir wieder bei der nicht-verbalen Kommunikation. Gibt es universell geltende Gesten und Formen der Mimik, die nicht von besonderen kulturellen Gegebenheiten abhängen und für jeden Menschen gleich sind, in welcher kulturellen Umgebung er auch lebt? Gibt es Dinge, die jeder Mensch tut und die für alle anderen Menschen eine bestimmte Bedeutung besitzen, ganz gleich, welche Rasse, Hautfarbe, welchen Glauben und welche Kultur diese Menschen haben?

Allgemeinverbindliche Signale

Ist, mit anderen Worten, ein Lächeln immer ein Zeichen der Freude? Ist ein Stirnrunzeln immer ein Zeichen des Unwillens? Und wenn wir den Kopf schütteln, soll das immer ‹Nein› bedeuten? Wenn wir nicken, heißt das immer ‹Ja›? Haben alle diese Bewegungen für alle Menschen dieselbe Bedeutung, und wenn ja, ist die Fähigkeit, diese Bewegungen als Reaktion auf eine vorhandene Gefühlsregung auszuführen, erblich oder nicht?

Wenn wir eine vollständige Serie ererbter Gesten und Signale entdecken könnten, dann wäre unser nicht-verbales Kommunikationssystem etwa der Sprache der Tümmler vergleichbar oder auch den Kommunikationsformen der Bienen, die durch bestimmte, genau festgelegte Bewegungen der Flügel sämtlichen Insassen ihres Bienenstocks den Weg zu einem neuentdeckten Nektarvorrat zeigen können. Diese Bewegungen werden ererbt, sie brauchen von den Bienen nicht erlernt zu werden.

Charles Darwins Theorie

Besitzen wir eine ererbte Form der Kommunikation? Darwin nahm an, die Mimik, die Gefühlsregungen darstellt, sei bei allen Menschen ähnlich. Er leitete diese Annahme vom gemeinsamen Ursprung aller Menschen ab. In den frühen fünfziger Jahren dieses Jahrhunderts jedoch kamen zwei Wissenschaftler – Bruner und Taguiri – nach dreißigjährigen Untersuchungen zu dem Schluß, daß auch die besten Forschungsergebnisse, über die wir verfügen, keinerlei Anzeichen für angeborene, unveränderliche Verhaltensmuster als Ausdruck spezifischer Gefühlsregungen enthielten.

Bestätigung Darwins

Ein gutes Jahrzehnt später entdeckten drei Wissenschaftler – Ekman und Friesen vom kalifornischen Langley Porter Neuropsychiatric Institute und Sorenson vom National Institute of Neurological Diseases and Blindness –, daß Darwins alte Annahme durch neuere Forschungsergebnisse gestützt wurde.

Sie hatten in Neuguinea, Borneo, den USA, Brasilien und Japan, also in fünf völlig verschiedenen Kulturräumen auf drei Kontinenten, Untersuchungen durchgeführt und stellten fest: «Wenn man Personen aus diesen verschiedenen Kulturen eine Standardserie von Fotografien mit Gesichtern vorführt, erkennen sie auf den Gesichtern immer dieselben Emotionen.»

Kulturunabhängige Mimik

Die drei Wissenschaftler widersprechen damit der Theorie, daß die Mimik, die Gefühlsregungen anzeigt, erlernt und spezifisch für eine Kulturgemeinschaft sei. Sie sind außerdem der Meinung, in jeder Kultur bestehe Übereinstimmung bei der Identifizierung verschiedener Stadien von Gefühlsregungen.

Hirnrindenprogramme und Mimik

Der Grund, den sie für diese universelle Erkennbarkeit anführen, ist nur locker mit dem Phänomen der Vererbung verknüpft. Sie zitieren eine Theorie, nach der es «angeborene Hirnrindenprogramme» gibt, «die bestimmte Affekte mit spezifischen, universellen Formen der Mimik koppeln, vor allem bei den primären Affekten Interesse, Freude, Überraschung, Furcht, Zorn, Kummer, Ekel, Verachtung und Scham».

Die Gehirne aller Menschen sind nach dieser Theorie so programmiert, daß sich die Mundwinkel nach oben ziehen, wenn ein Mensch glücklich ist, sich nach unten ziehen, wenn er unzufrieden ist. Je nachdem, mit welchem Gefühl das Gehirn gerade gespeist wird, runzelt man die Stirn, hebt die Augenbrauen oder verzieht eine Seite des Mundes.

Im Gegensatz dazu erwähnen Ekman, Friesen und Sorenson auch «kulturell variable Ausdrucksformen und Regeln, die in der Kindheit erlernt werden».

Kulturelle Regeln

«Diese Regeln», behaupten die drei Forscher, «schreiben vor, was beim Ausdruck eines Gefühls in verschiedenen gesellschaftlichen Bereichen zu tun ist: Sie variieren nach gesellschaftlicher Rolle und demographischen Merkmalen und sicher auch von Kultur zu Kultur.»

Die Untersuchung, die von den dreien durchgeführt wurde, versuchte, den prägenden Einfluß der jeweiligen Kultur so weit wie möglich auszuschließen. Die Verbreitung von Fernsehen, Film und geschriebenem Wort erschwert außerordentlich diese Absicht, so daß den Wissenschaftlern nichts anderes übrigblieb, als isolierte Gebiete aufzusuchen und möglichst Gesellschaften und Stämme zu untersuchen, die keine Schrift kennen.

Nivellierung durch Medien

Ihre Arbeit scheint die Annahme zu bestätigen, daß wir in unserem ‹genetischen Make-up› bestimmte grundlegende physische Reaktionsmuster erben. Schon bei der Geburt sind wir also mit Grundelementen der nicht-verbalen Kommunikation ausgerüstet. Haß, Furcht, Freude, Trauer und weitere primäre Gefühle können wir anderen Menschen anzeigen, ohne jemals gelernt zu haben, wie man das macht.

Ererbte Reaktionsmuster

Natürlich widerlegt dieses Ergebnis nicht die Tatsache, daß wir auch viele Gesten erlernen müssen, die in dieser Gesellschaft das eine und in jener Gesellschaft etwas ganz anderes bedeuten. Wir in der westlichen Welt schütteln den Kopf, um ‹Nein› zu sagen, und nicken, wenn wir ‹Ja› sagen wollen, aber in Indien gibt es Bevölkerungsgruppen, bei denen das Gegenteil zutrifft. Nicken heißt dort ‹Nein›, und Kopfschütteln heißt ‹Ja›.

Das Kopfschütteln der Inder

Aus alldem geht hervor, daß unsere nicht-verbale Sprache zum Teil auf Vererbung, zum Teil auf Lernen und zum Teil auf Nachahmung beruht. Wir werden noch sehen, welche wichtige Rolle die Nachahmung in der nicht-verbalen und der verbalen Kommunikation spielt.

Der Revierzwang

Zu den Erbanlagen gehört auch der ‹Reviersinn›. In seinem faszinierenden Buch ‹*The Territorial Imperative*› verfolgt Robert Ardrey diesen Reviersinn durch das Tierreich bis zum Menschen. Er diskutiert in seinem Werk das Abgrenzen und Bewachen von bestimmten Gebietszonen bei Vögeln, Hirschen, Fischen und Primaten. Bei einigen Spezies ist das Revier nur kurze Zeit von Bedeutung und wird mit dem Wechsel der Jahreszeiten verlegt. Bei anderen Tierarten liegt es für immer fest. Ardrey hat eine besonders interessante Feststellung getroffen – seiner Meinung nach

Das Revier der Tiere

«ist das Revierverhalten des Menschen genetisch bedingt und unabänderlich».

Ausgehend von seinen umfassenden Tierstudien beschreibt er einen angeborenen Verhaltenskode in der Tierwelt, der die sexuelle Fortpflanzung mit der Verteidigung des eigenen Reviers verknüpft. Der Schlüssel zu diesem Kode, so glaubt er, ist das Revier, und der Revierzwang manifestiert sich bei Tieren und Menschen in dem Trieb, ein ganz bestimmtes Gebiet einzunehmen, zu halten und zu verteidigen.

Reviertrieb und Fortpflanzung

Vielleicht haben tatsächlich alle Menschen den Trieb, ein bestimmtes Revier zu besitzen und zu verteidigen, und es ist durchaus möglich, daß dieses Verhalten angeboren ist. Wir dürfen allerdings nicht in jedem Fall von Menschen auf Tiere und von Tieren auf Menschen schließen. Der Revierzwang kann durchaus bei allen Tieren und bei einigen Menschen existieren. Bei einem Teil der Menschen kann ihn die jeweilige Kulturform verstärken, bei einem anderen Teil schwächt ihn die Kulturform ab.

Kultur und Reviertrieb

Es bestehen jedoch kaum Zweifel, daß bestimmte Revierbedürfnisse bei allen Menschen vorhanden sind. Wie stark der Revierzwang jedoch ist, bleibt unentschieden. Eines der beängstigendsten Theaterstücke der neueren Zeit ist ‹*Home*› von Megan Terry. ‹*Home*› schildert eine Welt, in der die Bevölkerungsexplosion dazu geführt hat, sämtliche Revieransprüche aufzugeben. Die Menschen dieser Welt leben in den Zellen eines gigantischen Bienenstocks aus Metall, der den gesamten Planeten umspannt. Sie leben ihr Leben zu Ende, ohne jemals den Himmel oder die Erde oder eine andere Zelle zu sehen. Ganze Familien sind in einem einzigen Raum zusammengepfercht.

Megan Terrys Apokalypse

In dieser prophetischen Schreckensvision ist die individuelle Sphäre völlig abgeschafft worden. Daher rührt vielleicht die Durchschlagskraft des Stückes. In unseren modernen Großstädten scheinen wir uns ebenfalls der Abschaffung des individuellen Reviers zu nähern. Wir finden Familien zusammengedrängt und eingesperrt in Wohnungen, die sich bis in schwindelerregende Höhen übereinandertürmen. Wir stehen dicht aneinandergepreßt in Fahrstühlen und fahren in U-Bahnwagen, die so überfüllt sind, daß wir unsere Arme und Beine nicht mehr rühren können. Aber trotzdem wissen wir nicht, was mit den Menschen passiert, wenn sie erst einmal aller Rechte auf ein eigenes Revier beraubt sind.

Das Revier Großstadt

Wir wissen, der Mensch hat einen Reviersinn, das Bedürfnis nach einem schützenden Raum kann die enge und abgeschlossene Wohnung des Städters sein, der umfassendere Bereich von Haus und Garten in der Vorstadt oder das beträchtlich größere offene Gebiet des Landbewohners.

Der schützende Raum

Wieviel Raum braucht der Mensch?

Wir wissen nicht genau, wieviel Raum für das Individuum nötig ist. Für unsere Untersuchung der Körpersprache ist es wichtiger, wenn wir herausfinden, wie der Mensch reagiert, wenn man seine nähere Umgebung, seinen Raum oder sein Revier angreift und in es eindringt. Wie verteidigt der Mensch sein Revier, wie und wann gibt er sein Revier auf?

Angriff und Verteidigung des Reviers

Vor nicht allzu langer Zeit aß ich mit einem befreundeten Psychiater zu Mittag. Wir saßen in einem angenehmen Restaurant an einem jener kleinen Tische, die heute so beliebt sind. Nach einigen Augenblicken holte er eine Schachtel Zigaretten aus der Tasche, zündete sich eine Zigarette an und legte die Schachtel vor meinem Gedeck auf den Tisch.

Er sprach weiter, und ich hörte weiter zu, aber ich war auf eine Art beunruhigt, die ich nicht erklären konnte, und noch stärker beunruhigt war ich, als er sein Besteck immer näher zur Zigarettenschachtel hinschob, näher und näher in Richtung auf die Tischkante an meiner Seite. Dann lehnte er sich selbst ganz über den Tisch und machte eine bestimmte Bemerkung. Es war eine Bemerkung, die ich kaum begriff, denn ich fühlte mich immer unbehaglicher.

Subtile Invasion

Schließlich hatte er Mitleid mit mir und sagte: «Ich habe dir soeben eine der grundlegenden Tatsache der Körpersprache demonstriert.»

Verwirrt fragte ich: «Und welche war das?»

«Ich habe dich aggressiv bedroht und herausgefordert. Ich brachte dich in eine Lage, in der du dich verteidigen mußtest, und das hat dich durcheinandergebracht.»

Ich verstand immer noch nicht und fragte: «Aber wie denn? Was hast du gemacht?»

«Zunächst habe ich meine Zigarettenschachtel zu dir hingeschoben», erklärte er. «Auf Grund einer stillschweigenden Übereinkunft hatten wir den Tisch vorher in Hälften geteilt, die eine Hälfte für dich und die andere für mich.»

Revieraufteilung eines Tischs

«An eine solche Aufteilung habe ich nicht gedacht.»

«Natürlich nicht. Aber trotzdem war es so. In Gedanken haben wir beide uns ein bestimmtes Revier abgesteckt. Normalerweise hätten wir den Tisch höflich zwischen uns geteilt und die Hälfte des anderen respektiert. Ich legte meine Zigarettenschachtel aber ganz bewußt in dein Gebiet und brach damit die Übereinkunft. Du wußtest zwar nicht, was ich tat, aber du fühltest dich trotzdem unbehaglich. Als ich dem ersten Einbruch in dein Revier einen weiteren folgen ließ und meinen Teller und das Besteck zu dir hinschob und mich dann noch selbst über den Tisch lehnte, fühltest du dich immer unwohler und bedrohter und wußtest immer noch nicht, warum.»

Der Bruch des Abkommens

Hier erlebte ich die erste Demonstration der Tatsache, daß wir alle bestimmte Gebietszonen besitzen. Wir tragen sie mit uns herum und reagieren ganz verschieden auf einen Einbruch in diese Zonen. Ich habe später dieselbe Technik angewandt, um in die Zone eines anderen Menschen einzudringen, wenn der Betreffende nicht wußte, was ich eigentlich tat.

Die Gegenprobe

Am nächsten Abend saßen meine Frau und ich in einem italienischen Restaurant mit einem anderen Ehepaar an einem Tisch. Versuchsweise stellte ich die Weinflasche in das ‹Revier› meines Bekannten. Dann setzte ich mein Eindringen langsam fort und schob Weinglas und Serviette in seine Zone, wobei ich mich ganz unverfänglich unterhielt. Unruhig rutschte er auf seinem Stuhl hin und her, bewegte sich zur Seite, stellte seinen Teller woandershin, faltete seine Serviette und schob plötzlich mit einer abrupten Bewegung, fast unter Zwang, die Weinflasche zurück.

Reaktion auf den Einbruch

Er hatte reagiert, indem er seine Zone verteidigte und einen Gegenschlag führte.

Aus diesem kleinen Gesellschaftsspiel folgt eine ganze Reihe grundsätzlicher Erkenntnisse. Ganz gleich, wie dicht bevölkert die Umgebung ist, in der wir leben – jeder von uns versucht eine eigene Zone, ein unverletzliches Revier auszugrenzen. Diesen Bereich wollen wir ganz für uns behalten. Wie wir diese Zone verteidigen und wie wir auf eine Invasion reagieren, aber auch die Art und Weise, wie wir in fremde Reviere eindringen, läßt sich beobachten, festhalten und in vielen Fällen nutzbringend anwenden. All diese Vorgänge sind Teile der nicht-verbalen Kommunikation.

Revierverteidigung und Verhalten

Das Bewachen der individuellen Zone, des Reviers, ist eines ihrer grundlegenden Prinzipien.

Die Technik, mit der wir unser Revier bewachen und in andere eindringen, zählt zu den wesentlichen Merkmalen unseres Verhaltens anderen Menschen gegenüber.

3
Wie wir mit Raum umgehen

Der Platzanspruch

Unter Quäkern erzählt man sich die Geschichte von einem Glaubensgenossen aus der Großstadt, der ein Andachtshaus der Quäker in einer kleinen Landstadt besuchte. Es wurde zwar kaum noch benutzt, war aber ein architektonisch geschmackvoller Bau. Der Quäker aus der Stadt beschloß, es am Sonntag zum Gottesdienst aufzusuchen, obgleich man ihm sagte, zur Andacht dort kämen nur noch ein oder zwei Leute.

Am Sonntag betrat er also das Gebäude und bemerkte, daß die Haupthalle vollkommen leer war. Die Morgensonne drang durch die alten Fenster, die Bankreihen lagen still und verlassen vor ihm.

Der geheiligte Platz des Quäkers

Er setzte sich und ließ das friedvolle Schweigen in sich einströmen. Plötzlich hörte er ein leichtes Hüsteln und entdeckte beim Aufsehen neben seiner Bank einen alten, bärtigen Quäker, der aus einem Geschichtsbuch hätte stammen können.

Er lächelte, aber der alte Quäker runzelte die Stirn und hüstelte weiter und sagte dann: «Vergebt mir die Störung, aber Ihr sitzt auf meinem Platz.»

Das eigenartige Insistieren des alten Mannes auf diesen bestimmten Platz ist beinahe amüsant, denn der gesamte Saal war leer. Es ist aber durchaus lebenswahr: wenn man nämlich eine gewisse Zeit in eine bestimmte Kirche gegangen ist, sucht man sich unweigerlich einen bestimmten Platz aus.

Vaters Sessel

Zu Hause hat der Familienvater seinen eigenen Sessel, und wenn er einem Gast diesen Sessel auch anbietet, duldet er ihn häufig nur widerwillig dort. Mutter hat ‹ihre› Küche, und sie kann es nicht ausstehen, wenn Großmutter zu Besuch kommt und die Herrschaft über ‹ihre› Küche an sich reißt.

Lieblingsplätze

Die Menschen haben ihre Lieblingsplätze im Zug, ihre Lieblingsbänke im Park, ihre Lieblingsplätze bei Versammlungen usw. Es handelt sich dabei immer um ein Bedürfnis nach einem Revier, um den Wunsch nach einem Platz, den man sein eigen nennen kann. Vielleicht stoßen wir hier auf ein angeborenes und universell verbreitetes Bedürfnis, obgleich die jeweilige Gesellschaft und Kultur es ganz verschieden ausformen kann. Ein Büroraum kann für einen Angestellten durchaus ausreichen, er kann aber auch zu klein sein, wobei es gar nicht auf die tatsächliche Größe ankommt, sondern auf die Placierung von Schreibtisch und Sessel. Wenn der Angestellte sich zurücklehnen kann, ohne dabei die Wand oder ein Bücherbord zu berühren, wird ihm das Büro meist geräumig genug vorkommen. Aber auch ein großer Raum wird ihm eng erscheinen, wenn er beim Zurücklehnen eine Wand berührt.

Scheinbare Raumgröße

Proxemik – eine neue Wissenschaft

Dr. Edward T. Hall, Professor für Anthropologie an der Northwestern University, beschäftigt sich schon seit langer Zeit intensiv mit den menschlichen Reaktionen auf den umgebenden Raum. Er hat festgestellt, wie Menschen den Raum benutzen und wie ihr Gebrauch des Raumes anderen Menschen bestimmte Fakten und Signale übermittelt. Als Prof. Hall den persönlichen Raum des Menschen untersuchte, prägte er den Begriff ‹Proxemik›, um seine Theorien und Beobachtungen über unseren Raum und unseren Gebrauch dieser Zonen zu beschreiben.

Arbeit der Proxemik

Der Gebrauch des Raums, so meint Prof. Hall, steht in direktem Zusammenhang mit der Fähigkeit des Menschen, sich anderen mitzuteilen und andere als nahestehend oder entfernt zu empfinden. Jeder Mensch, so sagt er, hat seine ganz spezifischen Raumbedürfnisse. Bei seinen Untersuchungen hat Prof. Hall diese Bedürfnisse exakt studiert und fand dabei vier bestimmte Zonen heraus, innerhalb derer die meisten Menschen operieren. Er bezeichnet diese Zonen als 1. intime Distanz, 2. persönliche Distanz, 3. gesellschaftliche Distanz und 4. öffentliche Distanz.

Kommunikation und Raum

Die vier Distanzzonen

Wie wir erraten können, handelt es sich bei diesen Zonen ganz einfach um die verschiedenen Gebiete, in denen wir uns bewegen, um Gebiete, die mit abnehmender Vertrautheit immer weiträumiger werden. Die *intime Distanz* kann entweder sehr *nahe* sein, was beispielsweise beim tatsächlichen körperlichen Kontakt der Fall ist, oder *entfernt*, und zwar zwanzig bis ungefähr sechzig Zentimeter. Die nahe

Intime Distanz

Phase der intimen Distanz kommt bei Liebesspielen, bei sehr engen Freundschaften und bei Kindern vor, die sich an ihre Eltern oder Spielkameraden klammern.

Intime Distanz und Partner

Wenn man mit einem anderen Menschen in naher intimer Distanz verkehrt, ist man sich des Partners ganz besonders bewußt. Wenn ein derartiger Kontakt also zwischen zwei Männern stattfindet, kann er leicht Unruhe und Unbehagen auslösen. Bei einem Mann und einer Frau, die sich auch im übertragenen Sinn nahestehen, ist diese Distanz vollkommen natürlich. Wenn ein Mann und eine Frau sich aber nicht ‹nahestehen›, kann die intime Distanz durchaus peinlich werden.

In unserem Kulturkreis ist nahe intime Distanz bei zwei Frauen gesellschaftlich akzeptabel, während sie im arabischen Kulturkreis bei zwei Männern akzeptabel ist. In arabischen und einigen südeuropäischen Ländern trifft man beispielsweise oft auch Männer, die Hand in Hand gehen.

Sozial akzeptiertes Verhalten

Die entfernte Phase der intimen Distanz erlaubt immer noch, sich die Hand zu geben, ist aber für zwei Männer gesellschaftlich nicht mehr akzeptabel. Wenn sie sich im Fahrstuhl oder in einem öffentlichen Verkehrsmittel plötzlich in einer solchen Situation befinden, werden sie ganz automatisch bestimmte strenge Verhaltensregeln befolgen und dadurch mit ihrem Nachbarn in Verbindung treten.

Entschuldigungsreaktion

Sie werden so steif und gerade stehen wie möglich und versuchen, den Nachbarn auf keinen Fall irgendwo zu berühren. Wenn sie es doch tun, werden sie entweder beiseite rücken oder die Muskeln der Körperteile, mit denen sie den anderen berühren, anspannen. Diese Reaktion bedeutet: ‹Ich bitte Sie um Entschuldigung, daß ich in Ihre Zone eindringe, aber die Situation zwingt mich dazu, und ich werde selbstverständlich Ihre Privatzone respektieren und keinesfalls auf Grund dieser Umstände vertraulich werden.›

Wenn sie andererseits eine derartige Situation ausnutzen und mit ihrem Körper absichtlich den Körper des Nachbarn berühren und den Kontakt und die Wärme des anderen Körpers bewußt genießen, dann begehen sie einen der schlimmsten Fehler, die sich in der westlichen Gesellschaft denken lassen.

Mißachtung des Tabus

In überfüllten U-Bahnwagen habe ich oft Frauen erlebt, die sich an offensichtlich unschuldige Männer wandten und diese anzischten: «Lassen Sie das!» Der Grund? Der betreffende Mann hatte die Regeln vergessen und sich gegen sie gelehnt. Die Zurechtweisung wird noch lauter und böser, wenn ein Mann sich gegen einen anderen Mann lehnt.

Außerdem dürfen wir unsere Gegenüber in einem überfüllten Bus oder Fahrstuhl auch nicht anstarren. Wir dürfen jemanden nur eine genau festgelegte Zeitlang ansehen, dann müssen wir schnell wieder wegsehen. Der unvorsichtige Herr, der die festgelegte Zeitspanne überschreitet, riskiert alle möglichen unangenehmen Folgen.

Die feste Blickdauer

Kürzlich fuhr ich mit einem Bekannten in einem großen Bürogebäude mit dem Fahrstuhl ins Erdgeschoß hinunter. Im vierzehnten Stock stieg ein hübsches Mädchen zu, und mein Bekannter blickte sie abwesend, aber ziemlich lange an. Sie wurde rot und röter, und als der Fahrstuhl unten hielt, drehte sie sich noch einmal um und schimpfte: «Haben Sie noch nie ein Mädchen gesehen, Sie . . . Sie widerlicher alter Kerl?»

Das empfindliche Mädchen

Mein Bekannter, der noch keine vierzig ist, wandte sich verwirrt zu mir, als sie aus der Kabine rauschte, und fragte: «Aber was habe ich ihr bloß getan? Sag mir, was zum Teufel habe ich ihr getan?»

Was er getan hatte? Er hatte eine Grundregel der nichtverbalen Kommunikation übertreten. ‹Sieh hin und wende deine Augen schnell wieder ab, wenn du dich mit einem Fremden im entfernten intimen Kontakt befindest.›

Die zweite Raumzone, die Prof. Hall festgelegt hat, ist die *persönliche Distanz*. Auch bei ihr unterscheidet er zwischen zwei Entfernungsgraden, der *nahen* persönlichen Distanz und der *entfernten* persönlichen Distanz. Die nahe Phase reicht von sechzig bis neunzig Zentimeter. In dieser Distanz kann man dem Partner immer noch die Hand geben oder sie halten.

Die persönliche Distanz

Eine Ehefrau darf sich durchaus innerhalb der nahen persönlichen Distanz ihres Mannes aufhalten. Wenn aber eine fremde Frau diese Zone betritt, hat sie höchstwahrscheinlich irgendwelche Absichten mit ihm. Und doch ist es die bequemste Distanz für Cocktailparties. Sie erlaubt einen gewissen Grad von Vertraulichkeit und ist dann in der Tat mehr eine vertraute, eine intime Zone als eine persönliche Zone.

Distanz und Vertraulichkeit

Die entfernte Phase der persönlichen Distanz reicht nach Prof. Hall von einem knappen Meter bis hundertfünfzig Zentimeter. Sie bezeichnet die äußerste Grenze der persönlichen Dominanz. In dieser Entfernung fällt es bereits

Dominanzgrenze der Person

schwer, den Partner zu berühren, und deshalb sind Begegnungen innerhalb dieser Zone meist nicht sehr privater Natur. Aber sie ist immer noch eng genug für ein mehr oder weniger persönliches Gespräch. Wenn sich zwei Leute auf der Straße treffen, halten sie meist diese Entfernung ein, um sich ein bißchen zu unterhalten. Auf einer Party tendieren sie eher zur nahen Phase der persönlichen Distanz.

Botschaften der Distanz

Die entfernte Phase der persönlichen Distanz kann eine Reihe der verschiedensten Botschaften übermitteln. Sie reichen von: ‹Ich halte Sie auf Armeslänge von mir entfernt› bis: ‹Ich habe Sie dazu ausersehen, mir ein wenig näher zu stehen als die anderen Gäste.› Wenn man sich einem Bekannten, mit dem man nur auf wenig vertrautem Fuß steht, mehr nähert, wird das oft als aufdringlich oder – entsprechend der gesellschaftlichen Zugehörigkeit der Beteiligten – als Zeichen besonderer Gunst oder Zuneigung gewertet. Mit der Distanz, die man wählt, will man eine Botschaft aussenden, aber der Partner muß unbedingt reagieren, damit die Botschaft einen Sinn bekommt.

Gesellschaftlicher und öffentlicher Raum

Gesellschaftliche Distanz

Auch bei der *gesellschaftlichen Distanz* läßt sich eine *nahe* von einer *entfernten* Phase unterscheiden. Die erste beträgt hundertfünfzig Zentimeter bis gut zwei Meter, und in dieser Distanz erledigen wir im allgemeinen unpersönliche Angelegenheiten. In dieser Distanz unterhalten wir uns im Geschäftsleben mit einem Kunden oder Besucher, mit dem neuen Werbeleiter oder dem Abteilungsleiter. Diese Distanz hält eine Hausfrau zum Handwerker, der etwas repariert, zum Lebensmittelverkäufer oder zum Postboten, der etwas abgibt. Auch bei einem zwanglosen Treffen hält man diese Distanz ein – sie kann jedoch auch eingehalten werden, um einen ganz bestimmten Zweck zu verfolgen.

Herrschaft durch Distanz

Ein Vorgesetzter benutzt diese Distanz, um Untergebene zu beherrschen – eine Sekretärin oder eine Empfangsdame. Wenn er vor sitzenden Angestellten steht, scheint er dann auch im übertragenen Sinne größer und mächtiger zu sein. Er unterstreicht damit tatsächlich die ‹Sie-arbeiten-für-mich›-Situation, ohne es jemals mit Worten aussprechen zu müssen.

Die entfernte Phase der gesellschaftlichen Distanz reicht von gut zwei bis vier Meter. Sie gilt für offizielle gesellschaftliche oder geschäftliche Anlässe. Ein ‹hohes Tier› besitzt meist einen Schreibtisch, der groß genug ist, um ihn in dieser Distanz von seinen Untergebenen zu halten. In dieser Distanz kann er auch beruhigt sitzen bleiben und zu einem Angestellten hochblicken, ohne damit einen Statusverlust zu riskieren. Wer vor ihm steht, befindet sich nämlich von Kopf bis Fuß in seinem Gesichtsfeld.

Der Schreibtisch als Barriere

Um wieder auf die Augen zurückzukommen: In dieser Distanz wirkt es fast ungehörig, den Partner nur kurz anzusehen und dann wegzublicken. Der einzige Kontakt, den man jetzt hat, ist visuell, und dementsprechend verlangt die Tradition, daß man seinem Gegenüber bei der Unterhaltung in die Augen sieht. Wenn man an ihm vorbeischaut, schließt man ihn nach Prof. Hall praktisch von der Unterhaltung aus.

Blickkontakt

Positives Merkmal dieser Distanz ist eine gewisse Schutzfunktion. Man kann in dieser Distanz weiterarbeiten, ohne unhöflich zu sein, man kann aber auch die Arbeit beiseite legen und reden. In Firmen ist diese Distanz zwischen Empfangsdame und Besuchern erforderlich, damit die Empfangsdame weiterarbeiten kann und nicht gezwungen ist, sich zu unterhalten. Eine geringere Entfernung macht das Weiterarbeiten zur unhöflichen Geste.

Schützende Distanz

Manche Ehepaare benutzen zu Hause diese Distanz, um sich zu entspannen. Wenn sie wollen, können sie miteinander reden, können es aber auch lassen und statt dessen lesen. Die unpersönliche Aura dieser Distanz macht sie für größere Familien beinahe unumgänglich. Eine solche Familie muß nur dann diesen Höflichkeitsabstand aufgeben und näher zusammenrücken, wenn sie einen betont privaten Abend verbringen will.

Schließlich führt Prof. Hall als äußersten Bezirk, auf den sich unsere Raumansprüche ausdehnen, noch die *öffentliche* Distanz an. Auch hier lassen sich eine *nahe* und eine *entfernte* Phase unterscheiden. Bei dieser wie auch bei den anderen Unterteilungen drängt sich unwillkürlich die Frage auf, weshalb es nicht statt der vier vorgeschlagenen Distanzen acht gibt. Man sollte jedoch bedenken, daß die Distanzgrade ja hauptsächlich als Skala für zwischenmenschliche Beziehungen und nicht als reines Entfernungsmaß entwickelt wurden.

Die öffentliche Distanz

Sicherheit durch Distanz

Die nahe Phase der öffentlichen Distanz beträgt vier bis acht Meter und eignet sich für formlose Zusammenkünfte. Ein Lehrer, der eine Gruppe von Schülern unterrichtet, wird diese Distanz einhalten, ebenso ein Vorgesetzter, der zu seinen Mitarbeitern spricht. Die entfernte Phase der öffentlichen Distanz, acht Meter oder mehr, ist im allgemeinen für Politiker bestimmt, bei denen Entfernung auch aus Sicherheitsgründen eine Rolle spielt. Auch Tiere halten sich an diese Distanz: Bestimmte Tierarten lassen einen Menschen nur bis auf diese Entfernung herankommen, bevor sie weglaufen.

Der Löwe und sein Dompteur

Die wahre Bedeutung dieser Zonen und der Distanz wird bei Tieren oft falsch eingeschätzt. Ein typisches Beispiel ist der Löwe und sein Dompteur. Ein Löwe wird vor einem Menschen zurückweichen, der ihm zu nahe auf den Leib rückt und seine ‹Gefahrenzone› betritt. Wenn das Tier aber nicht weiter zurück kann und der Mensch immer noch näher kommt, wird es den Spieß umdrehen und auf den Menschen losgehen.

Der Trick mit der Natur

Wechselspiel Löwe–Dompteur

Ein Löwenbändiger macht sich diese Tatsache zunutze und geht im Käfig auf den Löwen zu. Das Tier weicht zurück, wie es in seiner Natur liegt, bis an die Wand des Käfigs, während der Dompteur näher kommt. Wenn der Löwe nicht mehr weiter kann, dreht er sich um und kommt fauchend auf den Mann zu. Unweigerlich geht er in einer ganz geraden Linie auf ihn los. Der Dompteur nützt das aus und stellt das für den Löwen bestimmte Podest zwischen sich und das Tier. Da der Löwe geradewegs auf ihn zukommt, muß er das Podest erklettern, um ihn zu erreichen. Jetzt geht der Dompteur schnell wieder zurück und verläßt die Gefahrenzone des Löwen. Der Löwe bleibt, wo er ist.

Vorgetäuschte Gefahr

Zuschauer, die diesen Vorgang beobachten, interpretieren das Gewehr des Dompteurs, die Peitsche und das Podest entsprechend ihrer Phantasie und ihren eigenen inneren Bedürfnissen. Sie glauben, der Mann halte eine gefährliche Bestie in Schach. Das ist die nicht-verbale Botschaft der Situation. Das versucht der Dompteur uns in der Körpersprache zu erzählen. Aber hier lügt die Körpersprache.

In Wirklichkeit spielt sich der Dialog zwischen dem Löwen und dem Dompteur ungefähr so ab. ‹Hinaus aus meiner Zone, oder ich greife dich an›, erklärt der Löwe. Der Dompteur antwortet: ‹Ich bin doch gar nicht mehr in deiner

Zone.› Der Löwe: ‹Gut. Ich bleibe dann hier, wo ich gerade bin.›

Es ist dem Löwen gleichgültig, wo das ‹Hier› ist. Der Dompteur hat es so eingerichtet, daß das Podest des Löwen ‹Hier› bedeutet.

Botschaften für das Publikum

Die entfernte öffentliche Distanz eines Politikers oder eines Bühnenschauspielers zum Publikum bringt es auf ganz ähnliche Weise mit sich, daß eine Anzahl von Botschaften in der Körpersprache ausgesendet werden, die nicht unbedingt die Wahrheit sagen, sondern vielmehr das Publikum beeindrucken sollen.

Distanz der Illusion

In der entfernten öffentlichen Distanz ist es sogar schwierig, die Wahrheit zu sagen. Mit anderen Worten: In der entfernten öffentlichen Distanz kann man mit Körperbewegungen am besten lügen. Schauspieler wissen das sehr gut, und seit Jahrhunderten haben sie die Distanz zwischen Bühne und Publikum benutzt, um Illusion zu schaffen.

Stilisierung der Botschaft

In dieser Entfernung müssen die Gesten eines Schauspielers stilisiert und affektgeladen sein, sie müssen weit symbolhaltiger sein als bei einer geringeren Distanz zum Publikum, wie bei der gesellschaftlichen oder gar der intimen Distanz.

Auf dem Fernsehbildschirm und der Kinoleinwand erfordert die Kombination von Nahaufnahme und Totale noch eine andere Art von Körpersprache. In der Nahaufnahme kann die Bewegung eines Augenlids oder das Zittern der Lippen eine ebenso starke Botschaft übermitteln wie bei der Totale eine heftige Armbewegung oder die Bewegung des ganzen Körpers.

Bei der Nahaufnahme gehen die größeren Bewegungen meist verloren. Das mag einer der Gründe dafür sein, daß Film- und Fernsehschauspieler umlernen müssen, wenn sie auf der Bühne zurechtkommen wollen.

Schauspieler und Distanz

Die Entfernung zwischen Schauspieler und Publikum begünstigte eine starre, manierierte Art der Darstellung. Viele Theaterleute brechen heute mit diesem traditionellen Modell, sie wollen die öffentliche Distanz zwischen den Zuschauern und Schauspielern möglichst ganz beseitigen.

Das neue Bühnenmodell

Entweder verlegen sie die Bühne ins Publikum selbst oder fordern es auf, auf die Bühne zu kommen. Bei dieser Aufführungspraxis dürfen Theaterstücke längst nicht mehr so streng gebaut sein wie früher. Man besitzt keinerlei Gewißheit, ob die Zuschauer nach Wunsch reagieren oder nicht.

Deshalb wird das Stück formloser, bietet gewöhnlich keine eigentliche Handlung mehr, sondern nur noch eine zentrale Idee.

Neue Bühnengestik

Deshalb fällt es dem Schauspieler immer schwerer, die Körpersprache zu beherrschen. Einerseits muß er viele der symbolischen Gesten vergessen, die er früher benutzt hat, weil sie in der geringen Entfernung einfach nicht mehr wirken. Andererseits darf er sich – ganz gleich, wie stark er seine Rolle ‹lebt› – auch nicht auf die natürlichen Mittel der Körpersprache verlassen, um die Emotionen so zu vermitteln, wie er es wünscht. Er muß sich also einen neuen Vorrat an Symbolen und stilisierten Körperbewegungen zulegen, die das Publikum ebenfalls täuschen. Ob diese ‹Täuschung in Nahaufnahme› mehr Durchschlagskraft besitzt als die ‹Distanz-Täuschung›, muß abgewartet werden. Die Gesten der traditionellen Bühne sind im Laufe der Geschichte immer mehr verfeinert worden. Außerdem ist die Bühnengestik von der jeweiligen Kultur abhängig. So besitzt beispielsweise das japanische Kabuki-Theater einen ganz spezifischen Symbolkodex, der so stark kulturorientiert ist, daß ein westliches Publikum noch nicht einmal die Hälfte der Symbole versteht.

Kabuki-Theater

Wie die verschiedenen Kulturen mit dem Raum umgehen

Es gibt aber auch eine Körpersprache, die über alle kulturellen Grenzen hinweg verstanden wird. Charlie Chaplins Stummfilmfigur des kleinen Landstreichers war in ihren Bewegungen so allgemeingültig, daß sie die Träger der verschiedensten Kulturen zum Lachen brachte. Aber die jeweilige Kultur beeinflußt trotzdem entscheidend die gesamte Körpersprache, besonders jedoch die Raumeinteilung in Zonen. Prof. Hall untersuchte die Kulturabhängigkeit seiner Unterscheidungen. In Japan ist es zum Beispiel ein Zeichen für freundschaftliche Vertrautheit, wenn mehrere Menschen sich auf allerkleinstem Raum zusammendrängen. Prof. Hall glaubt, daß die Japaner gern in bestimmten Situationen dicht beieinander stehen.

Kultur und Raumzonen

Privatsphäre der Japaner

Donald Keene, der Autor des Buches ‹*Living Japan*›, weist auf die Tatsache hin, daß es im Japanischen kein Äquivalent für das Wort ‹Privatsphäre› gibt. Das soll aber nicht heißen, daß Privatsphäre als Begriff unbekannt ist. Für den Japaner ist Privatsphäre untrennbar mit seinem Haus oder seiner Wohnung verbunden. Dieses Gebiet betrachtet er als sein ureigenes und verübelt jedes Eindringen. Die Tatsache, daß er sich gern mit anderen Leuten auf kleinstem Raum zusammendrängt, widerspricht also keineswegs seinem Bedürfnis nach einer individuellen Wohnsphäre.

Raumauffassung der Japaner

Prof. Hall sieht darin eine Folge der japanischen Auffassung vom Raum. Für Menschen aus westlichen Ländern ist Raum die Entfernung zwischen verschiedenen Gegenständen. Der Raum an sich ist für uns etwas Leeres. Japaner aber sind der Meinung, Form und Anordnung der Dinge im Raum und der offene Raum selbst hätten eine geradezu greifbare Bedeutung. Nicht nur ihre Blumenarrangements und ihre Kunst sprechen deutlich davon, sondern auch ihre Gärten, in denen verschiedene Raumteile harmonisch aufeinander abgestimmt sind und eine unauflösbare Einheit bilden.

Raum- und Intimitätsbedürfnis der Araber

Wie die Japaner, so tendieren auch die Araber dazu, sich auf engstem Raum zu versammeln. Während sie aber in der Öffentlichkeit unweigerlich dicht beieinanderstehen und sich unterhalten, haben sie privat, in ihren Häusern und Wohnungen, beinahe zuviel Platz. Arabische Häuser sind möglichst weiträumig und leer, die Bewohner benutzen nur wenig Fläche, denn trotz ihres ausgeprägten Raumbedürfnisses sind Araber paradoxerweise nicht gern allein und drängen sich auch in geräumigen Wohnungen immer dicht zusammen.

Der Unterschied zwischen dem Bedürfnis der Araber nach körperlicher Nähe und dem Zusammendrängen der Japaner ist äußerst tiefgreifend. Der Araber will seinen Begleiter berühren, ihn fühlen und riechen. Wer einem Bekannten den Atem verweigert, schämt sich seiner.

Japanische Förmlichkeit

Die Japaner wahren dagegen in entsprechenden Situationen eine gewisse Förmlichkeit und Isoliertheit. Sie bringen es fertig, sich zu berühren und trotzdem strenge Grenzen zwischen sich zu ziehen. Araber verwischen solche Grenzen total.

Die drängelnden Araber

Außer dem Hang zur körperlichen Nähe herrscht in der arabischen Welt die Tendenz, sich ständig herumzustoßen und alles gemeinsam zu machen. Amerikaner finden das ausgesprochen unangenehm. Für sie gibt es auch auf öffentlichen Plätzen bestimmte Abgrenzungen. Wenn ein

Amerikaner in einer Schlange wartet, glaubt er, sein Platz sei absolut unverletzlich. Araber kennen den Begriff der Privatsphäre auf öffentlichen Plätzen nicht, und wenn sie sich irgendwo in eine Schlange hineindrängen, tun sie es im Glauben, es sei ihr gutes und natürliches Recht.

Öffentliches Verhalten

Japaner kennen kein Wort für die Privatsphäre, und das kennzeichnet ihre ganz bestimmte Haltung anderen Leuten gegenüber. Araber kennen kein Wort für ‹Notzucht›, und das kennzeichnet eine ganz bestimmte Haltung dem Körper gegenüber. Für einen Amerikaner ist der Körper heilig. Für einen Araber, der sich nichts dabei denkt, wenn er andere Leute schubst oder drängelt, und der sogar in der Öffentlichkeit Frauen zwicken darf, ist die Vergewaltigung eines Körpers durchaus nichts Schlimmes. Die Vergewaltigung seines Ichs durch eine Beleidigung ist dagegen ein schwerwiegendes Problem.

Der heilige Körper der Amerikaner

Prof. Hall weist darauf hin, daß Araber manchmal allein sein wollen, obgleich sie im selben Moment wünschen, jemanden in ihrer unmittelbaren Nähe zu haben. Um allein zu sein, schneiden sie einfach alle Kommunikationsstränge ab. Sie ziehen sich in sich selbst zurück, und das wird von ihren Begleitern vollkommen respektiert. Ihr Zurückziehen wird in der Körpersprache so interpretiert: ‹Ich brauche Privatsphäre. Obgleich ich in eurer Nähe bin, euch berühre und bei euch wohne, muß ich mich jetzt in mein Schneckenhaus zurückziehen.›

Der Rückzug in die Privatsphäre

Wenn sich ein Araber vor einem Amerikaner auf diese Weise zurückzöge, würde es der Amerikaner als Beleidigung auffassen. In der Körpersprache der Amerikaner hieße dieser Rückzug ‹strafendes Schweigen›. Er wäre tatsächlich eine Beleidigung.

Das verfemte Schneckenhaus

Wenn sich zwei Araber unterhalten, blicken sie sich dabei außerordentlich intensiv in die Augen. In der amerikanischen Kultur gibt es zwischen Männern nur selten eine solche Intensität des Blickes. Sie kann sogar als Bedrohung der Männlichkeit aufgefaßt werden. ‹Ich konnte die Art nicht leiden, wie er mich ansah, als ob er etwas Persönliches wollte, als ob er zu vertraulich werden wollte.› Das ist die typische Reaktion eines Amerikaners auf den Blick eines Arabers.

Intensiver Blick der Araber

Wie die westliche Welt den Raum auffaßt

Bisher haben wir den Zusammenhang zwischen Körpersprache und räumlicher Entfernung in verschiedenen Kulturen betrachtet. Ferner und Naher Osten unterscheiden sich hier deutlich von der westlichen Welt. Aber auch zwischen den einzelnen westlichen Nationen gibt es große Unterschiede. Deutsche und Amerikaner bewerten ihre individuelle Wohnsphäre beispielsweise völlig unterschiedlich. Der Amerikaner trägt eine private ‹Distanzblase› von gut einem halben Meter Durchmesser überall mit sich herum. Wenn ein Bekannter sich mit ihm über ganz bestimmte persönliche Dinge unterhält, werden die beiden so nahe zusammenrücken, daß ihre Distanzblasen sich zu einer einzigen verbinden. Für einen Deutschen kann ein ganzes Zimmer der eigenen Wohnung die Funktion einer privaten Distanzblase haben. Wenn zwei Leute sich in diesem Zimmer vertraulich unterhalten, ohne ihn einzubeziehen, ist er vielleicht beleidigt.

Wohnsphäre bei Deutschen und Amerikanern

Die amerikanische Distanzblase

Nach Prof. Halls Vermutung rührt das unter Umständen daher, daß die Deutschen im Gegensatz zum Araber in der Regel ein ‹außergewöhnlich exponiertes› Ego besitzen. Deshalb werden sie immer auf Distanz bedacht sein, um ihre Privatsphäre zu wahren. Im Zweiten Weltkrieg wurden deutsche Kriegsgefangene jeweils zu viert in einer Hütte im Lager untergebracht. Prof. Hall schreibt, daß sie sich sofort daranmachten, ihre Hütte zu unterteilen, um Privatsphären einzurichten. In Kriegsgefangenenlagern ohne Hütten oder Baracken versuchte jeder einzelne deutsche Gefangene, sich eine eigene Unterkunft zu basteln.

Die verletzlichen Deutschen

Das ‹exponierte Ego› der Deutschen ist vielleicht auch für eine gewisse steife Körperhaltung und für den Mangel an spontanen Bewegungen des Körpers verantwortlich. Diese Steifheit kann als Verteidigung oder Vorsichtsmaßregel gegen unbewußte Botschaften dienen, die von instinktiven Gesten ausgesandt werden.

Die preußische Haltung

In Deutschland werden Wohnungen und Häuser nach dem Gesichtspunkt einer maximalen Privatsphäre gebaut. Die Gärten sind nach Möglichkeit umzäunt oder mit Mauern umgeben, auch die Balkone sind verkleidet. Die Haustür bleibt niemals offenstehen. Wenn ein Araber Privatsphäre will, zieht er sich in sich selbst zurück, ein Deutscher dagegen zieht sich hinter eine verschlossene Tür zurück. Dieses

Das Land der Zäune und Mauern

Bedürfnis der Deutschen nach Privatsphäre, nach einer festumrissenen individuellen Zone, die mit niemandem geteilt werden soll, wird auch beim Verhalten von Deutschen deutlich, die Schlange stehen.

Deutsche und Polen

In einem deutsch-amerikanischen Viertel wartete ich einmal vor einem Kino in einer Schlange, um eine Eintrittskarte zu kaufen, und lauschte den deutschen Lauten um mich herum, während wir langsam, ordentlich und geregelt vorrückten.

Plötzlich, als ich nur noch wenige Schritte vom Kartenschalter entfernt war, gingen zwei junge Männer – zwei Polen, wie ich später erfuhr – an die Spitze der Schlange und wollten sich Karten besorgen, ohne anzustehen.

Ordnungssinn der Deutschen

Sofort wurden überall böse Stimmen laut. «He! Wir haben Schlange gestanden. Warum tun Sie es nicht auch?»

«Sehr richtig. Stellen Sie sich gefälligst hinten an!»

«Zum Teufel! Wir leben in einem freien Land. Niemand hat Sie aufgefordert, Schlange zu stehen», rief einer der Polen laut aus und bahnte sich mit Gewalt einen Weg zum Kartenschalter.

«Ihr steht da wie eine Schafherde», rief der andere böse. «Das ist nun mal der Fehler der Deutschen.»

Es kam beinahe zu einer Prügelei, und zwei Polizisten mußten wieder Ruhe schaffen. Im Vorraum des Kinos ging ich zu den beiden Schlange-Brechern.

«Was hatten Sie da draußen vor? Wollten Sie einen Aufruhr anzetteln?»

Einer von ihnen lächelte. «Wir wollten sie nur auf die Palme bringen. Warum überhaupt eine Schlange? Es ist viel leichter, wenn man in einem Haufen wartet.»

Als ich entdeckte, daß es sich um Polen handelte, wurde mir ihre Haltung plausibel. Im Gegensatz zu den Deutschen, die ihren Standort immer genau kennen müssen und der Meinung sind, nur das exakte Befolgen bestimmter Verhaltensregeln garantiere ein zivilisiertes Benehmen, ist zivilisiertes Benehmen für Polen nur dann gegeben, wenn sie sich über Vorschriften und Autoritäten hinwegsetzen.

Polen: Verhalten gegen die Autorität

Engländer haben eine andere Auffassung vom Raum als Deutsche – sie kümmern sich kaum um die Privatsphäre der eigenen Wohnung. Sie unterscheiden sich in dieser Hinsicht aber auch von den Amerikanern. Wenn ein Amerikaner sich zurückziehen will, entfernt er sich einfach. Ein Engländer, der den Wunsch nach Alleinsein verspürt, zieht

Privatsphäre der Engländer

sich meist (wie ein Araber) in sich selbst zurück – wahrscheinlich liegt das am Fehlen von Privaträumen und an der englischen Sitte, Kinder von Gouvernanten erziehen zu lassen.

Wenn ein Engländer in der Körpersprache sagt: ‹Ich möchte einen Augenblick lang ganz allein sein›, wird das von Amerikanern oft ganz anders interpretiert: ‹Ich bin wütend auf Sie und strafe Sie durch Schweigen.›

Privatsphäre garantiert das gesellschaftliche Leben in England durch sorgfältig strukturierte zwischenmenschliche Beziehungen. In Amerika unterhält man sich mit seinem Nachbarn, weil man neben ihm wohnt – also wegen der räumlichen Nähe. Wenn man in England Nachbarn hat, braucht man deswegen noch lange nicht mit ihnen zu sprechen. Man braucht sie nicht einmal zu kennen.

Kontakt durch Nähe

Es gibt da eine hübsche Geschichte von einem amerikanischen Collegeabsolventen, der während der Überfahrt nach England eine englische Lady kennenlernte. Der Jüngling wurde von der Engländerin verführt, und die beiden hatten eine leidenschaftliche Affäre.

Der Amerikaner und die Lady

Einen Monat später war er bei einem großen und sehr offiziellen Dinner in London eingeladen und entdeckte zu seiner Freude unter den Gästen auch Lady X. Er ging zu ihr und sagte: «Hallo! Wie ist es dir ergangen?»

Lady X blickte an ihrem aristokratischen Nasenrücken hinunter und erwiderte schleppend: «Ich glaube nicht, daß Sie mir vorgestellt wurden.»

«Aber ...» stammelte der verwirrte junge Mann, «du erinnerst dich doch sicher an mich?» Dann fügte er, kühn geworden, hinzu: «Immerhin haben wir noch vor einem Monat auf dem Schiff miteinander geschlafen.»

«Und», fragte Lady X eisig, «was berechtigt Sie zu der Annahme, das sei bereits gleichbedeutend mit einer Vorstellung?»

In England werden Bekanntschaften nicht auf Grund physischer Nähe, sondern auf Grund des gesellschaftlichen Status gemacht. Wenn Ihr Nachbar nicht eine ähnliche oder entsprechende gesellschaftliche Stellung hat wie Sie, braucht er nicht zu Ihren Bekannten zu gehören. Diese Eigenheit der Engländer hat ihre Wurzeln in der Tradition, sie ist aber auch ein Resultat der Übervölkerung Englands. Wie die Engländer, so leben auch die meisten Franzosen in wenigen großen Ballungsräumen. Ihr ganz andersartiges

Bekanntschaft und Status in England

Kulturerbe hat jedoch zu einem ganz anderen Resultat geführt: Während die Übervölkerung in England einen geradezu ungewöhnlichen Respekt vor der Privatsphäre anderer Leute bewirkte, hat sie die Franzosen veranlaßt, sich außerordentlich stark um ihre Mitmenschen zu kümmern.

Die sozialen Franzosen

Wenn ein Franzose sich mit Ihnen unterhält, blickt er Ihnen in die Augen, und zwar ganz direkt. In Paris werden Frauen auf der Straße mit Röntgenblicken examiniert. Amerikanerinnen kommen sich deshalb in Paris oft entwürdigt vor. Der Franzose übermittelt durch seinen Blick eine nicht-verbale Botschaft: ‹Sie gefallen mir. Vielleicht lerne ich Sie niemals kennen und spreche niemals mit Ihnen, aber ich finde Sie sehr sympathisch.›

Der kennerische Röntgenblick

Kein Amerikaner würde eine Frau auf diese Weise anschauen. Für ihn wäre das nicht Ausdruck der Wertschätzung, sondern ungehobeltes Benehmen.

In Frankreich ist teilweise die Wohndichte dafür verantwortlich, daß man sich so viel um seine Mitmenschen kümmert. Man glaubt, daß die Wohndichte ebenfalls Ursache für die Raumauffassung der Franzosen ist. In französischen Parks beispielsweise behandelt man den freien Raum ganz anders als in amerikanischen Parks. Man unterstreicht die freien Rasenflächen, und auch in den Städten betont man die Ausblicke auf architektonische Besonderheiten.

Wohndichte und Raumgefühl

Wir reagieren ganz verschieden auf das Problem des Raums. New York ist eine außerordentlich dichtbevölkerte Stadt, und deshalb haben die New Yorker ein ganz besonders ausgeprägtes Bedürfnis nach Privatsphäre. Ihre ‹unfreundliche Haltung› ist seit langem bekannt, aber diese unfreundliche Haltung ist in Wirklichkeit das direkte Resultat des Respekts, den ein New Yorker der Privatsphäre seiner Mitmenschen entgegenbringt. Er will diese Privatsphäre nicht verletzen und ignoriert deshalb andere Leute im Fahrstuhl, in der U-Bahn oder auf den menschenüberfüllten Straßen.

Die New Yorker privat

New Yorker bewegen sich in individuellen Privatwelten, und wenn diese Welten zu dicht aufeinandertreffen, nehmen die New Yorker eine betont starre Haltung ein, um jeder Fehlinterpretation ihrer Motive vorzubeugen.

Privatwelten der New Yorker

Sie rufen in Körpersprache: ‹Ich bin gezwungen, mich gegen Sie zu drängen, aber meine starre Haltung zeigt Ihnen, daß ich nicht aufdringlich sein will.› Aufdringlichkeit, Eindringen in die fremde Privatsphäre ist für sie die schlimmste aller Sünden.

Nur in großen Krisenzeiten fallen diese Schranken, und dann kann man erkennen, daß die New Yorker ganz und gar keine unfreundlichen Leute, sondern eher schüchtern und verängstigt sind. Bei dem katastrophalen Stromausfall vor einigen Jahren dachten plötzlich alle an ihre Mitmenschen, wollten helfen, beruhigen, Mut machen, und während einiger langer Stunden allgemeiner Menschenliebe erwachte die Stadt zu einem völlig ungewohnten Leben.

Spontane Hilfsbereitschaft

Dann gingen die Lichter wieder an, und die New Yorker zogen sich sofort in ihre streng umrissenen Privatwelten zurück.

Amerikanische Kleinstädte

Außerhalb New Yorks, in amerikanischen Kleinstädten, läßt sich überall eine offene, freundschaftliche Haltung beobachten. Dort begrüßt man Fremde mit ‹Hallo!›. Man lächelt und unterhält sich häufig mit ihnen. In *sehr* kleinen Orten dagegen, wo jeder jeden kennt und wo es kaum eine Privatsphäre gibt, werden Fremde oft genauso abweisend behandelt wie in Millionenstädten.

4
Wenn der Raum angegriffen wird

Verteidigung der Körperzonen

Auf den ersten Blick fällt es vielleicht schwer, die genaue Beziehung zwischen persönlichem Raum, persönlichen Zonen oder Revieren einerseits und der Kinesik, der Körpersprache andererseits zu erkennen. Wenn wir aber die grundlegenden Prinzipien, die in den individuellen Zonen herrschen, nicht durchschauen, können wir auch nicht absehen, was geschieht, wenn diese Zonen angegriffen werden. Unsere Reaktion auf Übergriffe in unser Revier steht in einem unmittelbaren Zusammenhang zur Körpersprache. Wenn wir genau wissen wollen, welche Signale wir aussenden und empfangen, müssen wir unser eigenes aggressives Verhalten und unsere Reaktionen auf die Aggressionen anderer kennen.

Reaktion auf Übergriffe

Die vielleicht überzeugendste Darstellung von der Unverletzlichkeit individueller Körperzonen ist ein Roman, der vor fast einem halben Jahrhundert von H. DeVere Stacpool geschrieben wurde und ‹*The Blue Lagoon*› heißt. Es handelt sich um die Geschichte eines kleinen Jungen, der nach einem Schiffbruch zusammen mit einem alten Seemann auf eine tropische Insel verschlagen wird. Der Seemann erzieht den Jungen zur Selbstgenügsamkeit; nach seinem Tod wächst der Junge allein zum Mann heran, trifft ein polynesisches Mädchen und verliebt sich in sie. In dem Roman geht es dann um die Liebesaffäre des Jungen mit der Polynesierin, einem Mädchen, das von den Stammesgenossen seit frühester Kindheit für tabu erklärt worden war: Sie war also mit dem Gebot aufgewachsen, sich nie von einem Mann berühren zu lassen. Der Kampf zwischen den beiden, die Situation des Mädchens zu durchbrechen und dem Mann die Berührung des Körpers zu erlauben, wird in dem Buch faszinierend und ergreifend geschildert.

Der Roman über die Körperzone

Tabu und Berührung

Stacpool hatte schon früh erkannt, in welchem Maße ein Mensch seine Körperzone und seine Privatsphäre verteidigen kann, und ging diesem Thema in seinem Buch auf den Grund. Wissenschaftler dagegen begannen erst im letzten Jahrzehnt, die komplexe Bedeutung des persönlichen Raums zu verstehen.

In einem der vorhergehenden Kapitel berichtete ich von dem Psychiater, der mir mit Hilfe einer Schachtel Zigaretten eine Lektion über den Angriff auf die persönliche Sphäre erteilte. Einen großen Teil seines Wissens verdankte er den Reaktionen von Patienten in Nervenheilanstalten. Eine Nervenheilanstalt ist ein geschlossener Mikrokosmos und reflektiert und übersteigert als solcher häufig die Verhaltensweisen der Außenwelt. Eine Nervenheilanstalt ist aber auch ein ganz spezieller Ort. Die Insassen sind gegen Beeinflussungen und Aggressionen weit anfälliger als ‹normale› Menschen, und ihre Handlungen stellen oft einen Zerrspiegel ‹normaler› Verhaltensweisen dar.

Das Beobachtungsfeld für Privatsphären

Erkenntnisse aus dem Zerrspiegel

Wie aggressiv sich ein solcher Patient gegenüber anderen verhält, hängt von Rang und Status des Gegenübers ab. Es handelt sich gewissermaßen jedesmal um eine Machtprobe. In jeder Nervenheilanstalt gibt es einen oder zwei Patienten, die auf Grund ihres aggressiven Verhaltens einen höheren Rang innehaben, ihrerseits aber durchaus von einem der Pfleger eingeschüchtert werden können. Der Pfleger wiederum steht im Rang unter den Krankenschwestern, und die Krankenschwester ist dem Arzt unterstellt.

Aggressives Verhalten und Ranghöhe

In solchen Institutionen entwickelt sich eine außerordentlich reale Hierarchie, wie man sie in der Außenwelt in Organisationen wie der Armee antrifft oder in Geschäftsunternehmen, wo es ebenfalls festumrissene Herrschaftsordnungen gibt. In der Armee wird die Ranghöhe durch ein System von Symbolen gekennzeichnet, durch Tressen für Unteroffiziere, Streifen und Sterne für Offiziere. Aber die ‹Hackordnung› bleibt auch ohne Symbole bestehen. Ich habe einfache Soldaten erlebt, die im Duschraum vor Sergeanten katzbuckelten, ohne sie zu kennen oder zu wissen, welchen Rang sie innehatten. Die Sergeanten konnten allein durch ihr Verhalten und Auftreten ganz deutliche Rangbotschaften in der Körpersprache aussenden.

Die Militärhierarchie

Ratschlag für Statusbewußte

In der Geschäftswelt, wo weder Tressen noch andere Rangsymbole zur Schau getragen werden, haben leitende Angestellte trotzdem meist die Fähigkeit, ein Gefühl der Überlegenheit auszustrahlen. Wie schaffen sie das? Welche Tricks benutzen sie, um Untergebene auf ihren Platz zu verweisen,

Die Tricks der Führungskräfte

und zu welchen Tricks greifen sie bei Machtkämpfen unter ihresgleichen?

Das Film-experiment

Zwei Wissenschaftler haben versucht, in einer Serie von Stummfilmen dies herauszufinden. Sie ließen einen Schauspieler die Rolle des leitenden Angestellten und einen anderen die Rolle des ihn aufsuchenden Mitarbeiters spielen. Dabei mußten die beiden mehrmals die Rollen tauschen. In jeder Szene saß einer von beiden am Schreibtisch, während der andere, der die Rolle des Mitarbeiters spielte, an die Tür klopft, sie öffnet und auf den Schreibtisch zugeht.

Regeln für den Status

Die Zuschauer wurden aufgefordert, sich jeweils in Statusbegriffen über den leitenden Angestellten und den Mitarbeiter zu äußern. Aus den verschiedenen Beurteilungen ergab sich eine Reihe von ganz bestimmten Spielregeln. Den niedrigsten Status gab der Eintretende zu erkennen, wenn er unmittelbar an der Tür stehenblieb und von dort aus zu dem Mann am Schreibtisch sprach. Wenn er bis in die Mitte des Zimmes ging, wurde sein Status höher eingeschätzt, und den höchsten Status hatte er, wenn er an den Schreibtisch herantrat und sich direkt vor sein Gegenüber stellte.

Der Zeitfaktor in der Hierarchie

Ein anderer Faktor, der in den Augen der Zuschauer auf den Status schließen ließ, war die Zeit, die zwischen Anklopfen und Eintreten verstrich, und – bei dem leitenden Angestellten – die Zeit zwischen Anklopfen und seiner Aufforderung, einzutreten. Je schneller der Besucher den Raum betrat, desto höher wurde sein Status bewertet. Je länger der Mann am Schreibtisch damit wartete, den Anklopfenden hereinzubitten, desto höher war in den Augen der Zuschauer *sein* Status.

Der Mitarbeiter darf eintreten

Ganz deutlich geht es hier um das Phänomen des persönlichen Raumes. Dem Mitarbeiter wird erlaubt, in das Revier des leitenden Angestellten einzudringen, und allein durch dieses Arrangement stellt der leitende Angestellte klar, daß er den höheren Status besitzt.

In welchem Maße der Mitarbeiter in dieses Gebiet eindringt und wie schnell er es tut, mit anderen Worten, auf welche Weise er die persönliche Zone des leitenden Angestellten ‹verletzt›: das läßt seinen eigenen Status erkennen.

Der Chef tritt auf

Der Chef tritt unangemeldet und ohne anzuklopfen in das Zimmer seines Untergebenen. Der Untergebene wartet vor der Tür des Chefzimmers, bis man ihm den Eintritt gestattet. Wenn der Chef gerade telefoniert, geht der Untergebene vielleicht auf Zehenspitzen davon und kommt später noch einmal wieder. Wenn der Untergebene gerade telefoniert, betont der Chef meist seinen Status dadurch, daß er ungerührt im Zimmer stehenbleibt, bis der Untergebene in den Hörer murmelt, «Ich rufe gleich zurück», und dann seine volle Aufmerksamkeit dem Vorgesetzten zuwendet.

Statussymbole

In der Geschäftswelt gibt es ein ständiges Gerangel, sogar einen ständigen Kampf um den persönlichen Status, und deshalb sind Statussymbole auf dieser Bühne unbedingt notwendige Bestandteile. Das schlagendste Beispiel ist der leitende Angestellte mit dem Diplomatenkoffer, und wir alle kennen die Geschichte von dem Mann, der in seinem Diplomatenkoffer lediglich sein Frühstücksbrot mit sich trägt, der aber auf dieses Utensil nicht verzichten will, weil er es so dringend für sein Image braucht. Ich kenne einen schwarzen Geistlichen in den USA, der viel im Land herumreist. Er hat mir erzählt, daß er sich in den Südstaaten ohne dunklen Geschäftsanzug und Diplomatenkoffer nie in einer Stadt oder in einem Hotel sehen läßt. Diese beiden Symbole verleihen ihm dort ein gewisses Maß an Autorität.

Der Diplomatenkoffer

In der Geschäftswelt, vor allem in der Industrie, gibt es eine Unmenge von Statussymbolen. Eine große pharmazeutische Fabrik in Philadelphia hatte mit ihren Tranquilizern einen derartigen Erfolg, daß sie sich leisten konnte, ein neues Verwaltungsgebäude für ihre schnell wachsende Belegschaft zu errichten. Man hätte in dem Neubau beliebig viele Büro- und Arbeitsräume einrichten können, aber das Unternehmen bemühte sich ganz bewußt, Räume mit Statussymbolen zu schaffen. Die Eckräume der obersten Etage waren für die obersten Chefs bestimmt. Die Eckräume der Etage darunter waren den nächstniedrigeren Angestellten vorbehalten. Angestellte mit geringeren Kompetenzen erhielten Zimmer ohne Eckfenster. Mitarbeiter, die darunter rangierten, bekamen Zimmer ohne Fenster. Dann gab es noch die Angestellten, die in abgeteilten Bürozellen untergebracht waren. Die Zellen hatten Wände aus Milchglas, aber keine Türen, und die Angestellten mit noch weniger Befugnissen erhielten Zellen mit durchsichtigen Glaswänden. Die untersten Chargen hatten ihre Schreibtische in Großraumbüros.

Räume als Statussymbole

Faktoren für den Rang

Der ‹Rang› eines Angestellten ergab sich aus folgenden Faktoren: aus der Dauer der Zugehörigkeit zur Firma, aus der Bedeutung der Tätigkeit, aus dem Gehalt und aus dem akademischen Grad. Der Grad eines Doktors der Medizin beispielsweise gab jedem Angestellten – ganz gleich, welches Gehalt er bezog oder wie lange er schon in der Firma tätig war – das Recht auf einen abgeschlossenen Büroraum. Doktoren der philosophischen Fakultät besaßen dieses Recht nicht automatisch.

Symbole für Subhierarchien

Aber selbst innerhalb dieses Systems gab es noch viele andere Möglichkeiten, seinen jeweiligen Status zu demonstrieren. Vorhänge, Teppiche, Schreibtische aus Holz im Gegensatz zu Schreibtischen aus Metall, Möbel, Sofas, Sessel und natürlich Sekretärinnen – all das schuf Subhierarchien.

Die Glaszelle

Ein wichtiger Bestandteil des Systems war der Kontrast zwischen den Zellen mit Milchglaswänden und den Zellen mit Wänden aus durchsichtigem Glas. Von aller Welt gesehen, hatte der Mann hinter den durchsichtigen Glaswänden automatisch eine geringere Bedeutung oder einen niedrigeren Rang. Sein Revier war visuellen Angriffen weit stärker ausgesetzt. Insofern war er leichter verwundbar.

Wie bekommt man eine Führerrolle?

Das Öffnen eines Reviers und das Eindringen in ein Revier sind im Geschäftsleben wichtige Faktoren, die den Rang festlegen. Wie steht es aber mit der Führerrolle? Mit welchen Tricks oder mit welchen Mitteln der Körpersprache bringt ein ‹Führer› sich zur Geltung?

Charlie Chaplin, der Führer

Kurz vor dem Zweiten Weltkrieg drehte Charlie Chaplin den Film *‹Der große Diktator›*. Wie alle Chaplin-Filme, so war auch dieser voll von kleinen Signalen aus der Körpersprache. Die bei weitem komischste Szene spielte in einem Friseursalon.

Chaplin als Hitler und Jack Oakie als Mussolini sitzen nebeneinander auf Frisierstühlen und lassen sich rasieren. In der Szene versuchen nun beide, sich einander den Rang abzulaufen, um zu dokumentieren, daß man der oberste Führer ist. Beide haben Rasierschaum im Gesicht, große weiße Tücher fesseln sie an ihre Stühle. Es gibt nur ein Mittel, sich überlegen zu zeigen: das Hochdrehen der Stühle. Beide können den Hebel bedienen, mit dem man die Höhe regelt. Wer höher kommt, hat gewonnen, und in der

Filmszene versuchen beide krampfhaft, ihren Sessel immer noch höher zu drehen.

Die Demonstration der Führerrolle durch Höhe gehört zu den Erscheinungen, die das gesamte Tierreich durchziehen und auch für Menschen Geltung haben. Neuere Untersuchungen haben ergeben, daß der Anführer eines Wolfsrudels seine Führerrolle demonstriert, indem er einen jungen oder rangniedrigeren Wolf zu Boden wirft und sich auf ihn stellt. Der rangniedrigere Wolf rollt sich zum Zeichen der Unterwürfigkeit auf den Rücken und bietet dem Anführer Kehle und Bauch dar. Wichtig ist dabei also, wer höher steht.

Führerrolle und Höhe

Die gleichen Körperstellungen lassen sich auch bei Menschen beobachten. Wir alle wissen, daß es üblich ist, sich vor Königen, Idolen und Altären zu verneigen. Verbeugungen und Kratzfüße im allgemeinen sind nichts als Variationen zum Thema Überlegenheit oder Unterlegenheit. Es handelt sich ausnahmslos um Handlungen, mit denen man in der Körpersprache erklärt: ‹Sie sind höher als ich, und deshalb sind Sie der Herrscher.›

Die Verbeugung vor dem Herrscher

Ein junger Mann aus meinem Bekanntenkreis, der fast 1,90 Meter groß ist, war im Berufsleben äußerst erfolgreich, weil er sich seinen Partnern perfekt anzupassen wußte. Als ich ihn bei einigen erfolgreichen geschäftlichen Verhandlungen beobachtete, bemerkte ich, daß er sich bückte, seinen Körper neigte oder sich hinsetzte, so oft es möglich war, damit sein jeweiliges Gegenüber dominieren und sich ihm überlegen fühlen konnte.

Wenn eine Familie sich zusammensetzt, wird das dominierende Mitglied, gewöhnlich der Vater, etwas entfernt von den anderen am oberen Ende eines rechteckigen oder ovalen Tisches Platz nehmen. Die Wahl eines runden Tisches kann häufig Einblick in den inneren Aufbau einer Familie gewähren. Der Leiter einer Diskussionsgruppe, die sich an einen Tisch setzt, wird automatisch den beherrschenden Platz am Kopf beanspruchen.

Tischordnung und Führerrolle

Wie wir am Beispiel von König Artus und seiner Tafelrunde sehen, ist das alles andere als neu. Der Tisch, an dem sich die Ritter versammelten, war allerdings rund, damit keiner der Anwesenden sich überlegen fühlen konnte. Alle Plätze waren gleichwertig. Der gute Vorsatz wurde jedoch dadurch beeinträchtigt, daß König Artus selbst zur beherrschenden Person wurde, wo immer er auch saß, und daß der

König Artus' Tafelrunde

Status der Anwesenden sich mit der Entfernung vom König verringerte.

Platzwahl und Förmlichkeit

Der Chef eines großen Pharmazieunternehmens, in dem ich arbeitete, hat ein Büro, in dem außer seinem Schreibtisch und dem Schreibtischsessel noch ein Sofa, ein anderer Sessel und ein Kaffeetisch mit ein oder zwei Stühlen stehen. Dieser Mann kennzeichnet den Grad der Ungezwungenheit oder Förmlichkeit einer Besprechung durch die Wahl seines Platzes während der Besprechung. Wenn ein Besucher oder Mitarbeiter eintritt, den er möglichst zwanglos behandeln will, kommt er hinter seinem Schreibtisch hervor und führt ihn zum Sofa, zum Sessel oder zum Kaffeetisch. Auf diese Weise weist er durch die Wahl seines Platzes genau darauf hin, welche Art von Unterredung er zu führen gedenkt. Wenn es sich um eine sehr offizielle Besprechung handelt, bleibt er hinter dem Schreibtisch sitzen.

Unser unverletzlicher Raum

Der minimale Raumanspruch

Das Bedürfnis nach persönlichem Raum und der Widerstand gegen Eingriffe in diesen Raum sind so ausgeprägt, daß man noch in einer dichten Menschenmenge einen bestimmten Raum für sich in Anspruch nimmt. Der Journalist Herbert Jacobs machte von dieser Annahme ausgehend den Versuch, die Zahl der Teilnehmer von Versammlungen oder Demonstrationen zu schätzen. Schätzungen bei Demonstrationen fallen oft sehr unterschiedlich aus, je nachdem, ob der Beobachter für oder gegen die Demonstrierenden, die Friedensmarschierer oder Atomwaffengegner ist. Die Teilnehmer tendieren zu überhöhten Angaben, während die Behörden meist untertreiben.

Die Massenformel

Jacobs studierte Luftaufnahmen von Menschenmengen, auf denen er die einzelnen Teilnehmer noch erkennen und zählen konnte, und kam zu dem Ergebnis, daß Leute in dichtgedrängten Versammlungen meist einen guten halben Quadratmeter für sich beanspruchen, während man bei weniger besuchten Veranstaltungen einen knappen Quadratmeter für sich beansprucht. Die Teilnehmerzahl bei Massenveranstaltungen – so fand Jacobs schließlich heraus – läßt sich mit Hilfe folgender Formel grob bestimmen: Länge mal Breite des Platzes, auf dem sich die Menschen befinden, geteilt durch einen Korrekturfaktor, der die Dichte der jeweiligen Menge berücksichtigt. Dadurch erhält man die tatsächliche Teilnehmerzahl von Demonstrationen und anderen Veranstaltungen.

Bei Menschenversammlungen muß man einkalkulieren, daß die persönliche Raumzone der Menschen in der Menge schon durch das Zusammendrängen zerstört wird. Die Reaktion auf diese Zerstörung kann die Gemütsverfassung der Teilnehmer völlig verändern. Die meisten von uns reagieren nämlich sehr heftig, wenn ihr persönlicher Raum, ihr individuelles Revier, angegriffen wird. Wenn eine Menschenmenge immer größer, dichter und kompakter wird, kann sie viel leichter aggressiv reagieren. Mit einer weniger dichten Menschenmenge ist es leichter fertig zu werden.

Zerstörung der Raumzone

Aggressionspotential der Menge

Das Bedürfnis nach einer persönlichen Zone war auch Freud bekannt. Er arrangierte seine Sitzungen immer so, daß der Patient auf einer Couch lag, während er außerhalb von dessen Blickfeld auf einem Stuhl Platz nahm. Dadurch wurde die persönliche Zone des Patienten nicht verletzt.

Die therapeutische Anordnung

Auch die Polizei kennt diese Tatsache und benutzt sie beim Verhör von Häftlingen. Eine Broschüre über Verhöre und Geständnisse schlägt vor, daß der Polizist, der die Fragen stellt, ganz nahe beim Häftling sitzt und daß sich zwischen beiden kein Tisch oder anderes Hindernis befindet. Jedes Hindernis, so warnt die Broschüre, gibt dem Verhörten ein größeres Maß an Sicherheit und Selbstvertrauen.

Verhörtechnik

Die Broschüre rät ebenfalls, daß der verhörende Beamte, der zu Beginn des Verhörs vielleicht einen knappen Meter vom Häftling entfernt Platz genommen hat, ihm allmählich immer dichter auf den Leib rückt, bis sich im fortgeschrittenen Stadium des Verhörs schließlich ein Knie des Verhörten zwischen den beiden Knien des Befragers befindet.

Physische Invasion

Diese physische Invasion des Kriminalbeamten in die persönliche Zone des Verhörten hat sich in der Praxis als außerordentlich nützlich erwiesen. Wenn die Verteidigungslinien eines Menschen angegriffen oder durchbrochen werden, leidet sein Selbstvertrauen darunter.

Körperzone und Selbstvertrauen

Im Verhältnis zwischen Vorgesetzten und Untergebenen kann der Vorgesetzte seinen Führungsanspruch dadurch bekräftigen, daß er Untergebene räumlich bedrängt. Der Vorgesetzte, der sich über den Schreibtisch des Untergebenen beugt, bringt den Untergebenen aus dem Gleichgewicht. Der Abteilungsleiter, der ganz nahe an den Angestellten herankommt, um dessen Arbeit zu prüfen, macht

Der bedrängte Untergebene

ihn unsicher und ängstlich. Auch Eltern, die mit ihren Kindern schimpfen und sich dabei zu ihnen hinunterbeugen, betonen das Abhängigkeitsverhältnis des Kindes von den Eltern. Sie verstärken so das Unterlegenheitsgefühl des Kindes.

Verteidigungsmaßnahmen

Können wir durch die Bedrohung der persönlichen Zone bei den Betroffenen Verteidigungsmaßnahmen auslösen? Ist es möglich, die manchmal gefährlichen Folgen einer Bedrohung zu vermeiden, wenn wir uns bemühen, die persönliche Zone unserer Mitmenschen nicht zu verletzen? Wir wissen, daß es physisch gefährlich ist, zu dicht auf das Auto vor uns aufzufahren. Wenn der Fahrer unversehens scharf bremst, kann es zu einem Auffahrunfall kommen, aber von der nervlichen Belastung eines Fahrers, dem wir zu dicht folgen, spricht niemand.

Der degradierte Autofahrer

Das Auto als persönliche Zone

Der Autofahrer verliert oft einen wesentlichen Teil seines Menschseins und wird von der ihn umgebenden Maschine plötzlich zu einer Art Neutrum degradiert. Die Kommunikation durch Körpersprache, die so gut bei ihm funktioniert, wenn er nicht Auto fährt, funktioniert im Auto häufig gar nicht mehr. Wir alle sind schon einmal von Fahrern geärgert worden, die kurz vor uns in unsere Spur einschwenkten, und wir kennen alle die manchmal völlig irrationale Wut, in die ein Fahrer geraten kann, dessen persönliche Zone auf diese Weise angegriffen wurde. Die Polizei kann Statistiken anführen, nach denen Dutzende von Unfällen auftraten, wenn Autos plötzlich die Spur wechselten und so eine gefährliche Reaktion des Fahrers heraufbeschworen, den sie geschnitten hatten. Im Verkehr mit anderen Menschen würde man es sich nicht im Traum einfallen lassen, so zu handeln oder zu reagieren. Ohne die Maschine nehmen wir wieder eine zivilisierte Haltung ein und erlauben fremden Leuten, unseren Weg zu schneiden, ja, wir gehen oft einen Schritt zur Seite, um jemandem zu gestatten, vor uns in den Bus zu steigen oder einen Fahrstuhl zu betreten.

Waffe Auto

Erklärungsversuche

Ein Auto dagegen scheint in der Hand vieler Fahrer die Wirkung einer gefährlichen Waffe zu besitzen. Es kann zu einer Waffe werden, die unsere Selbstkontrolle und unsere natürlichen Hemmungen zum größten Teil ausschaltet. Die Gründe hierfür sind noch nicht bekannt: Einige Psychologen glauben jedoch, es sei zumindest teilweise auf die Ausdehnung unserer individuellen Reviere im Auto zurückzuführen. Die individuelle Zone wird größer, und die Sphäre des Autos ist abermals größer – dementsprechend nehmen auch unsere Reaktionen auf Angriffe dieser Sphäre ungeahnte Ausmaße an.

Raum und Persönlichkeit

Zahlreiche Untersuchungen bemühen sich aufzuklären, wie sich die Reaktion auf das Eindringen in die persönliche Zone und die Persönlichkeit zueinander verhalten. Eine davon, die Arbeit von John L. Williams, kam zu dem Ergebnis, introvertierte Menschen tendierten dahin, sich bei Unterhaltungen in einer größeren Distanz zum Gesprächspartner aufzuhalten als extravertierte. Ein Mensch, der in sich zurückgezogen ist, braucht umfassendere Verteidigungsmaßnahmen, um seinen Zustand gegen Eindringlinge abzusichern. Eine andere Untersuchung, die Doktorarbeit von William E. Leipold, kam durch ein ausgeklügeltes Experiment zum selben Ergebnis. Die Versuchspersonen – Studenten – machten zunächst einen Persönlichkeitstest, mit dem festgestellt werden sollte, ob sie introvertiert oder extravertiert waren. Darauf schickte man alle in ein Büro, wo sie zu ihren Studienleistungen vernommen wurden.

Distanz und Menschentyp

Versuch mit Verteidigungssystemen

Der Versuchsleiter gab den verschiedenen Versuchspersonen unterschiedliche Beurteilungen. Diese Beurteilungen wurden als *Streß*, *Lob* und *neutrale Instruktion* bezeichnet. Die Streß-Anweisung sollte den jeweiligen Studenten verängstigen: «Wir finden, daß Ihre Leistungen sehr zu wünschen übriglassen und daß Sie sich nicht genug Mühe geben. Warten Sie bitte im Nebenzimmer, bis der Interviewer sich mit Ihnen unterhält.»

Der Student ging dann in einen Raum mit einem Schreibtisch und zwei Stühlen, die vor bzw. hinter dem Tisch standen.

Beim ‹Lob› wurde dem Studenten erklärt, seine Leistungen seien gut und er käme ausgezeichnet zurecht. Beim neutralen Interview lautete die Beurteilung einfach: «Wir sind an Ihrer persönlichen Meinung über Ihr Abschneiden interessiert.»

Die Resultate der Untersuchung ergaben, daß die gelobten Studenten sich dem Interviewer am nächsten setzten. Die Streß-Studenten nahmen in der größten Entfernung

Verhaltens-unterschiede

vom Interviewer Platz, die Neutralen wählten eine Position zwischen den beiden Extremen. Introvertierte und ängstliche Studenten setzten sich bei jeweils gleicher Beurteilung in größere Entfernung als extravertierte Studenten.

Reaktion auf physische Invasion

Nach diesem Versuch ging man einen Schritt weiter und untersuchte die Reaktionen von Männern und Frauen, deren persönliche Zone angegriffen worden war. Dr. Robert Sommer, Professor für Psychologie und Vorsitzender des Psychology Department an der University of California, schilderte eine Reihe von Experimenten in einem Krankenhaus, bei denen er einen weißen Arztkittel anzog, um Autorität zu gewinnen. Systematisch drang er in die individuellen Zonen der Patienten ein, er setzte sich neben sie auf eine Bank oder betrat ihre Zimmer und Aufenthaltsräume. Dieses Eindringen, so berichtete er, störte alle Patienten und vertrieb sie von ihren Lieblingsstühlen oder bevorzugten Plätzen. Auf Prof. Sommers physische Invasion reagierten die Patienten, indem sie sich unbehaglich fühlten, unruhig wurden und dann im wahrsten Sinne des Wortes das Feld räumten.

Reaktions-system

Auf Grund seiner eigenen Beobachtungen und der Beobachtungen anderer Wissenschaftler entdeckte Prof. Sommer ein komplettes Ausdrucksgebiet der Körpersprache, das ein Mensch benutzt, wenn man in seine private Zone eindringt. Außer dem tatsächlichen physischen Rückzug – der Betreffende steht auf und verläßt den Raum – läßt sich eine ganze Serie von einleitenden Signalen beobachten: Die Versuchsperson rutscht unruhig auf dem Stuhl hin und her, schlägt ein Bein über das andere und trommelt mit den Fingern auf die Stuhl- oder Sessellehne. Diese ersten Zeichen der Spannung bedeuten: ‹Sie sind mir zu nahe. Ihre Gegenwart ist mir unangenehm.›

Darauf folgt eine andere Reihe von Signalen in der Körpersprache: Der Angegriffene schließt die Augen, läßt das Kinn auf die Brust sinken und hebt die Schultern. All das bedeutet: ‹Gehen Sie. Ich will Sie hier nicht haben. Sie sind ein Eindringling und bedrohen meine persönliche Sphäre.›

Reaktionstest in der Bibliothek

Prof. Sommer berichtet auch über die Ergebnisse von Nancy Russo, einer Forscherin, die sich ebenfalls mit dem Phänomen der räumlichen Invasion beschäftigt hat. Ihr diente eine Bibliothek als Experimentierfeld. Eine Bibliothek eignet sich ausgezeichnet zur Beobachtung menschlicher Reaktionen. Hier herrscht eine betont gedämpfte

Atmosphäre, die Störungen von vornherein vereiteln soll. In den meisten Fällen wird sich jemand, der einen Bibliothekssaal betritt, von den anderen Besuchern isolieren und einen Platz ohne direkten Nachbarn wählen.

Bedrohung des Opfers

Miss Russo setzte sich neben einen Neuankömmling und rückte ihren Stuhl dann immer näher an das Opfer heran, oder sie nahm genau gegenüber von ihm Platz. Sie fand zwar keine einzige stereotype Reaktion bei den Betroffenen, entdeckte aber, daß die meisten ihr Botschaften in Körpersprache übermittelten, um Gefühle auszudrücken. Sie beschrieb «defensive Gesten, Veränderungen der Körperhaltung, Versuche, unauffällig abzurücken». Wenn sie alle Signale der Körpersprache ignorierte, stand die jeweilige Versuchsperson wider Willen garantiert auf und suchte sich einen anderen Platz.

Das defensive Vokabular

Nur einer von achtzig Studenten, deren Zone Miss Russo angriff, forderte sie mit Worten auf, sich woanders hinzusetzen. Die übrigen benutzten die nicht-verbale Kommunikation der Körpersprache, um ihr mitzuteilen, daß sie nicht mit ihrer Nähe einverstanden waren.

Früherkennung der Gewalttätigkeit

Dr. Augustus F. Kinzel, der heute am New Yorker Psychiatric Institute arbeitet, entwickelte während seiner Tätigkeit für das US Medical Center for Federal Prisoners eine Theorie, die vielleicht den Weg weist, gewalttätige und antisoziale Verhaltensweisen des Menschen frühzeitig aufzuspüren, vorauszusagen und sogar durch Behandlung teilweise zu beheben.

Versuche im Gefängnis

Bei seinen früheren Tierexperimenten hatte Dr. Kinzel bemerkt, daß Tiere auf jedes Eindringen in ihr individuelles Revier oft mit Gewaltakten reagieren. Als er dann in einer Gefängnisabteilung für asoziale Gewalttäter arbeitete, stellte er fest, daß bestimmte Männer trotz aller Nachteile Einzelzellen bevorzugten. Gerade diese Häftlinge wurden von Zeit zu Zeit gewalttätig. Vielleicht brauchten sie mehr Platz, um ihre Selbstkontrolle nicht zu verlieren?

Gewalt ohne Motiv

Dr. Kinzel ging der Sache nach und entdeckte, daß viele Männer, die wegen tätlicher Angriffe verurteilt worden waren, sich darüber beschwert hatten, ihre Opfer hätten «sich mit ihnen angelegt», obgleich sorgfältige Nachprüfungen ergaben, daß sie Leute angegriffen hatten, die ihnen lediglich zu nahe gekommen waren, aber sonst nicht das geringste getan hatten. Ihre Anfälle von Gewalttätigkeit traten sowohl innerhalb als auch außerhalb des Gefängnisses auf. Demnach war die Gefängnisatmosphäre nicht verantwortlich. Woran lag es also?

Um dieses Problem zu lösen, führte Dr. Kinzel mit fünfzehn Häftlingen, die sich freiwillig zur Verfügung stellten, ein Experiment durch. Acht der Freiwilligen hatten Gewalttaten im Strafregister, sieben nicht. Die Männer wurden aufgefordert, in der Mitte eines leeren Raumes zu stehen, während der Versuchsleiter sich ihnen langsam näherte. Sie sollten ‹Stopp!› sagen, sobald er zu nahe gekommen war.

Nach mehreren Wiederholungen des Versuchs gelang es festzustellen, daß jede Versuchsperson eine ganz bestimmte Raumzone beanspruchte, ein individuelles Revier oder eine persönliche Distanz, die Dr. Kinzel als «Pufferzone des Körpers» bezeichnete.

Die empfindsamen Gewalttäter

«Die Gruppe der Gewalttäter», schrieb Dr. Kinzel, «hielt den Versuchsleiter in einer doppelt so großen Entfernung wie die anderen Häftlinge.» Das Volumen ihrer «Pufferzone des Körpers» war also viermal so groß wie das Volumen der Männer, die keine Gewalttaten verübt hatten. Wenn den gewalttätigen Männern jemand zu nahe kam, reagierten sie, als hätte der Eindringling die Absicht, sie zu bedrohen oder anzugreifen.

Das Experiment hatte bei den zu Gewalttaten neigenden Häftlingen dasselbe Gefühl erzeugt, das sie auch gehabt hatten, als sie andere Häftlinge angriffen, weil diese sich angeblich mit ihnen ‹angelegt› hatten.

Gewalt als Panikreaktion

Dr. Kinzel schloß daraus, daß diese Männer von einer unbegründeten Panik erfaßt und gewalttätig wurden, sobald jemand in ihre persönliche Zone eindrang, die viel größer war als bei ‹normalen› Menschen.

Gewalttaten aus Selbstschutz

Vieles von dem, was Dr. Kinzel «den spiralig hochschnellenden Charakter der Gewalttaten zwischen ‹zusammengeballten› Ghettogruppen und der Polizei» nennt, läßt sich vielleicht auf das mangelnde Verständnis der Polizeibeamten für persönliche Zonen zurückführen. Die Untersuchung scheint den Schluß nahezulegen, daß wir erst allmählich beginnen, die Ursachen menschlicher Gewalttätigkeiten zu begreifen. Noch können wir die Entstehung von Gewalttätigkeiten nicht frühzeitig entdecken und mit ihnen fertig werden. Ausbrüche von Gewalttätigkeiten kommen im Tierreich nur selten vor, denn dort existiert stillschweigendes Einverständnis über das Revierbedürfnis – es sei denn, der Mensch greift ein.

Sex und Nichtpersonen

Bei den Eingriffen in persönliche Zonen spielt überall ein starkes sexuelles Element mit. Wenn ein Mädchen in das Revier eines Mannes eindringt, trifft es auf eine ganz andere Serie von Signalen als bei der Verletzung der individuellen Raumzonen einer Frau. Es wird stärker akzeptiert, und die Möglichkeit eines Flirts macht eine feindselige Reaktion des Mannes weniger wahrscheinlich. In der umgekehrten Situation jedoch sind Frauen im allgemeinen besonders auf der Hut.

Sex und das Revier des Mannes

Eindringlinge strahlen unweigerlich die folgende Botschaft aus: ‹Sie sind eine Nichtperson, und deshalb kann ich Ihre persönliche Zone verletzen. Sie sind unwichtig.›

Die Botschaft des Eindringlings

In Situationen zwischen Vorgesetztem und Mitarbeiter kann dieses Signal den Mitarbeiter demoralisieren und dem Vorgesetzten nützlich sein. Es kann tatsächlich die Führungsrolle des Vorgesetzten entscheidend hervorheben.

In einer überfüllten U-Bahn muß man die Signale etwas anders interpretieren. Dort ist zu beobachten, daß sich die beiden in Frage kommenden Leute gegenseitig als Nichtperson behandeln. Sonst wäre die Tatsache, daß sie gezwungen sind, in einer derart vertraulichen Nähe zusammenzustehen, unangenehm. Wenn jemand einen Fremden in einer überfüllten U-Bahn einfach anspricht, ist er eindeutig unhöflich. Vielleicht ist er sogar unverschämt. In dieser Situation ist ein ganz deutlicher Rückzieher notwendig, um Peinlichkeiten aus dem Weg zu gehen. Ich kenne keinen einzigen Film, in dem sich ein Liebespaar in der überfüllten U-Bahn kennenlernt. So etwas macht man nicht, nicht einmal in Hollywood.

Nichtpersonen aus Höflichkeit

Überfüllte U-Bahnen sind, wie Prof. Sommer annimmt, nur deshalb zu ertragen, weil die Fahrgäste sich stillschweigend als Nichtpersonen betrachten. Wenn sie beispielsweise ein plötzlicher Halt des Zuges zwingt, die körperliche Nähe der anderen allzu bewußt wahrzunehmen, empfinden sie die entstehende Situation oft als unangenehm.

Entpersönlichung in der Menge

Auch das Gegenteil läßt sich beobachten. Wenn wenig Menschen in einem Raum sind, wird man es automatisch als peinlich empfinden, als Nichtperson behandelt zu werden. Unserer Bibliotheks-Forscherin fiel ein Mann auf, der bei ihren Annäherungsversuchen den Kopf hob, sie eiskalt musterte und per Körpersprache signalisierte: ‹Ich bin ein

Das entwaffnende Signal

Individuum. Mit welchem Recht dringen Sie in meine Sphäre ein?›

Er benutzte die Körpersprache, um ihr Eindringen zurückzuweisen, plötzlich war sie nicht mehr Angreiferin, sondern Angegriffene. Die abweisende Haltung dieses Mannes beeindruckte sie so stark, daß sie an jenem Tag außerstande war, ihre Experimente fortzuführen. Der Mann, dessen Privatsphäre sie attackierte, hatte unversehens ihre eigenen Verteidigungslinien durchbrochen, weil sie zum erstenmal im Verlauf der Experimente keinem Versuchskaninchen, keinem Objekt, sondern einem Menschen gegenüberstand. Diese Fähigkeit, den anderen als Menschen zu begreifen, ist für unsere Aktionen und Reaktionen in der Körpersprache ein außerordentlich wichtiger Schlüssel. Sie ist bei allen zwischenmenschlichen Beziehungen von großer Wichtigkeit. Prof. Sommer wies darauf hin, daß ein Objekt, eine Nichtperson, ebensowenig in die persönliche Zone eines Menschen eindringen kann wie ein Baum oder ein Stuhl. Außerdem entstehen keine Probleme, wenn die persönliche Zone einer Nichtperson verletzt wird.

Nichtpersonen können nie angreifen

Als Beispiel führte Prof. Sommer die Krankenschwestern an, die sich am Bett eines Patienten ungeniert über dessen Krankheit unterhalten, oder das schwarze Hausmädchen, das in einem weißen Haushalt das Abendessen serviert, während die Gäste gerade über die Rassenfrage diskutieren. Sogar der Hausmeister, der in den Büroräumen die Papierkörbe ausleeren kommt, wird häufig gar nicht erst anklopfen, bevor er eintritt, und dem Angestellten in dem jeweiligen Zimmer ist sein Eindringen gleichgültig. Für ihn ist der Hausmeister keine wirkliche Person. Er ist eine Nichtperson, und ebenso ist der Angestellte für den Pförtner eine Nichtperson.

Verhalten gegenüber Nichtpersonen

Zeremonielle und Sitzordnung

Unsere Fähigkeit, drohende Invasionen unseres Reviers zu erkennen und auf solche Invasionen zu reagieren, beruht auf «Wahrnehmungszeremonielle», wie sie Prof. Sommer nannte. Wenn man unter normalen Umständen das Revier eines anderen Menschen in einer Bibliothek oder einem Café bedroht, sendet man zuvor eine Reihe von Entschuldigungssignalen aus. Wenn es soweit ist, entschuldigt man

Wahrnehmungszeremonielle

sich auch mit Worten und fragt: «Ist dieser Platz wohl noch frei?» Beim Hinsetzen schlägt man dann instinktiv die Augen nieder – das ist wiederum Körpersprache.

Wenn man sich in einem überfüllten Bus auf einen freien Platz setzt, findet ein anderes Zeremoniell statt. Man hält den Blick starr geradeaus gerichtet und vermeidet es möglichst, die Person neben sich anzusehen. Für andere Situationen gibt es andere Zeremonielle.

Blickzeremonielle

Nach Prof. Sommer gehören zur Verteidigung der persönlichen Sphäre nicht nur die entsprechenden Signale, Gesten und Haltungen aus der Körpersprache, sondern auch die Wahl des Platzes. Wie setzt man sich an einen freien Tisch, wenn man andere Leute davon abbringen will, sich ebenfalls an diesen Tisch zu setzen? Welche Mittel der Körpersprache benutzt man? Prof. Sommer beobachtete Studenten und fand heraus, daß man meist zwei ganz bestimmte Techniken anwendet, wenn man sich an einen freien Tisch setzt und ungestört bleiben will. Entweder setzt man sich so weit wie möglich von den störenden Anwesenden weg, um die eigene Privatsphäre zu schützen, oder man versucht, den Tisch ganz für sich zu behalten.

Platzwahl und Abschreckung

Wenn man ungestört bleiben will und sich zu diesem Zweck so weit wie möglich von den anderen entfernt hinsetzt, die vielleicht am selben Tisch Platz nehmen werden, versucht man, das Problem mit Hilfe eines ‹Isolationsprinzips› zu lösen. Man setzt sich meist an die äußerste Ecke des Tisches und erklärt so in der Körpersprache: ‹Wenn es unbedingt sein muß, dann setzen Sie sich eben an meinen Tisch, aber lassen Sie mich auf jeden Fall in Ruhe. Ich habe mich hier an die Tischecke gesetzt, damit Sie so weit wie möglich von mir entfernt Platz nehmen können.›

Das Isolationsprinzip

Die andere Technik bedient sich des Versuchs, den Tisch für sich allein zu behalten. Hier handelt es sich um eine offensive Haltung, und die aggressive Person, die sie einnimmt, okkupiert voraussichtlich die Mitte einer der beiden Tischseiten. Sie erklärt: ‹Lassen Sie mich bitte allein. Wenn Sie sich an diesen Tisch setzen, belästigen Sie mich. Setzen Sie sich also gefälligst woandershin.›

Offensives Verhalten

Die Beobachtungen von Prof. Sommer führten noch zu anderen Resultaten: Studenten, die allein bleiben wollten, die eine möglichst große Distanz zwischen sich und die anderen legen wollten, setzten sich so hin, daß ihr Gesicht der Tür abgewandt war. Studenten, die den ganzen Tisch

Defensive und Blickrichtung

für sich allein haben wollten, die sich in einer dauernden Defensivstellung befanden, blickten zur Tür. Die meisten Studenten, sowohl die ‹Isoliertypen› als auch die ‹Verteidigungstypen›, zogen den hinteren Teil des Raums vor, und fast alle wählten kleine Tische oder Tische, die direkt an der Wand standen.

Studenten, die sich an der Mitte des Tisches breitmachten, unterstrichen mit Signalen der Körpersprache ihre Überlegenheit, ihre Fähigkeit, Herr der Situation zu bleiben, und ihren Wunsch, den Tisch für sich allein zu behalten.

Platz am Tisch

Studenten, die sich an eine Tischecke setzten, signalisierten ihren Wunsch, allein zu bleiben: ‹Es ist mir gleich, ob Sie sich hier hinsetzen oder nicht, wenn Sie es aber tun, so habe ich mich auf jeden Fall weit weg hingesetzt. Sie sollten das gleiche machen. Auf diese Weise können wir beide unsere Privatsphäre wahren.›

Der Platz auf der Parkbank

Dasselbe gilt für Bänke im Park. Wenn man allein sein will und sich auf eine Parkbank setzt, wählt man gewöhnlich eine der beiden äußeren Ecken und erklärt dadurch: ‹Wenn Sie sich unbedingt ebenfalls hier hinsetzen müssen, ist Platz genug da, damit ich allein bleiben kann.›

Wenn man auf keinen Fall will, daß jemand anders sich auf die Bank setzt, nimmt man genau in der Mitte Platz und verkündet damit: ‹Ich will diese Bank für mich allein haben. Wenn Sie sich hinsetzen, dringen Sie in meine private Zone ein.›

Wenn man jedoch Gesellschaft will, setzt man sich etwas an die Seite, aber nicht in die äußerste Ecke der Bank.

Techniken und Persönlichkeit

Diese Techniken, die unser Bedürfnis nach einer Privatsphäre befriedigen sollen, reflektieren unsere Persönlichkeit. Sie zeigen, daß der extravertierte Mensch dazu neigt, seine Privatsphäre zu schützen, indem er andere Leute ganz von sich fernhält. Der Introvertierte wird seinen Aufenthaltsort zwar mit anderen teilen, sie aber möglichst auf Distanz halten. In beiden Fällen wird dabei per Körpersprache eine jeweils andere Serie von Signalen ausgesandt, und zwar keine eigentlichen Bewegungssignale, sondern Placierungssignale. ‹Ich habe mich hierher gesetzt und erkläre dadurch: ‚Bleiben Sie hier weg' oder ‚Setzen Sie sich meinetwegen hin, aber stören Sie mich bitte nicht'.›

Dieser Vorgang gleicht dem Aussenden von Signalen durch Veränderung der Körperhaltung entsprechend der jeweiligen Umgebung. Hinter dem Schreibtisch in einem Büro erkären wir: ‹Bleiben Sie mir vom Leib, ich möchte respektiert werden.› Oben auf der Richterbank, dem höchsten Punkt eines Gerichtssaals, verkünden wir: ‹Ich stehe weit über Ihnen, und deshalb ist mein Urteil das beste.› In der Nähe einer anderen Person signalisieren wir durch die Verletzung ihrer persönlichen Sphäre: ‹Sie haben keine individuellen Rechte. Wenn ich will, kann ich Ihre Zone angreifen, und deshalb bin ich Ihnen überlegen.›

Umgebungsabhängiges Verhalten

5
Die Masken, hinter denen wir uns verstecken

Das Lächeln, mit dem man sein wahres Inneres verbirgt

Wir bedienen uns vieler Methoden, um unsere persönlichen Zonen zu verteidigen. Eine davon ist das Maskieren.

Maske und wahres Gesicht

Das Gesicht, das wir der Außenwelt zeigen, ist selten unser wahres Gesicht. Es gilt als außergewöhnlich, fast schon als ein bißchen eigenartig, wenn unsere Handlungen oder unser Gesichtsausdruck das zeigen, was wir wirklich fühlen. Wenn es um den Ausdruck unseres Gesichts oder um die Bedeutung unserer Körperbewegungen geht, kontrollieren wir uns nämlich sehr sorgfältig. Dr. Erving Goffman weist in seinem Buch ‹*Behavior in Public Places*› darauf hin, daß

Kontrolle der äußeren Erscheinung

diese Kontrolle sich deutlich in der Art offenbart, wie wir unsere äußere Erscheinung behandeln, welche Kleidung wir wählen und welche Frisur wir uns zulegen.

Der Eindruck unseres Äußeren übermittelt unseren Freunden und Bekannten eine Botschaft in der Körpersprache.

Norm des Äußeren

Dr. Goffman ist der Meinung, man erwarte vom Normalbürger unserer Gesellschaft, daß er sich in der Öffentlichkeit sauber und ordentlich angezogen, gut rasiert, mit gekämmtem Haar, sauberen Händen und sauberem Gesicht zeigt. In seiner Untersuchung, die vor sechs Jahren ge-

Die formalisierte Jugend

schrieben wurde, konnte er das lange Haar, das unrasierte und ungepflegte oder ‹freiere› Äußere der jungen Leute von heute noch nicht berücksichtigen, und dieses Äußere wird allmählich immer mehr akzeptiert. Aber auch hierbei handelt es sich um ein gezieltes, ein ‹formalisiertes› Aussehen, das eine allgemeine veränderte Lebensauffassung begleitet.

Dr. Goffman beobachtete auch, daß wir die sorgfältig

Wo die Maske fällt

gepflegten Masken, die wir tragen, manchmal – beispielsweise in einem überfüllen Verkehrsmittel – etwas lüften und uns «in einer Art vorübergehendem, unbekümmertem und gerechtfertigtem Erschöpfungszustand» so zeigen, wie wir wirklich sind. Wir lassen unsere Verteidigungswaffen sinken und vergessen aus Müdigkeit oder Erbitterung, unser Gesicht auch weiterhin zu kontrollieren. Machen Sie sich einmal die Mühe und schauen Sie sich während der

Stoßzeiten nach Geschäfts- und Büroschluß die Fahrgäste im überfüllten Bus, in der U-Bahn oder im Vorortzug genau an. Sie werden bemerken, wie sich ungeschminkt und wahr die menschliche Existenz plötzlich in allen Gesichtern zeigt.

Tag für Tag verbergen wir diese Wahrheit. Wir kontrollieren uns sorgfältig, damit unser Körper nicht eine Botschaft hinausschreit, die unser Bewußtsein nicht mehr verheimlichen könnte. Wir lächeln pausenlos, denn ein Lächeln zeugt nicht nur von guter Laune und Lebensfreude, sondern dient auch als Bitte, als Mittel zur Selbstverteidigung oder gar als Entschuldigung.

Das allgegenwärtige Lächeln

Ich nehme im Restaurant neben Ihnen Platz. Mein schwaches Lächeln sagt: ‹Ich will nicht aufdringlich sein, aber das ist der einzige freie Stuhl.›

Ich muß mich im vollbesetzten Fahrstuhl an Sie drängen, und mein Lächeln sagt: ‹Ich bin nicht aggressiv, ich bitte Sie auf jeden Fall um Entschuldigung.›

In einem Bus, der plötzlich bremst, werde ich gegen Sie geworfen, und mein Lächeln sagt: ‹Ich wollte Ihnen keineswegs weh tun. Ich bitte um Verzeihung.›

Und so lächeln wir uns durch den Tag, obgleich wir in Wirklichkeit hinter dem Lächeln vielleicht ärgerlich oder wütend sind. An unserem Arbeitsplatz lächeln wir den Kunden, den Vorgesetzten und den Mitarbeitern zu; wir lächeln unseren Kindern zu, unseren Nachbarn, unserem Mann oder unserer Frau und unseren Verwandten, und nur sehr selten hat unser Lächeln eine bestimmte Bedeutung. Es ist ganz einfach die Maske, die wir tragen.

Die Maske des Lächelns

Unsere Maskierung beschränkt sich aber nicht auf den Bereich, den die Gesichtsmuskeln kontrollieren. Wir benutzen den gesamten Körper als Maske. Frauen lernen, auf eine bestimmte Weise zu sitzen, um ihre Sexualität zu verbergen – besonders dann, wenn sie kurze Kleider anhaben. Männer tragen oft Unterwäsche, die ihre Geschlechtsorgane zusammenpreßt. Frauen tragen Büstenhalter, damit ihre Brüste sich nicht zu stark bewegen und ihre erotische Ausstrahlung etwas gedämpft wird. Wir halten uns betont gerade und knöpfen unsere Hemden zu, ziehen den Reißverschluß an unseren Hosen hoch, bändigen mit Muskelkraft und gürteln unseren Bauch und praktizieren die verschiedensten Arten von Gesichtsmasken. Wir haben ein Partygesicht, ein Dienstgesicht, ein Beerdigungsgesicht und tragen selbst im Gefängnis noch bestimmte Gesichter.

Körpermasken

Die Gesichtsmasken

Gefängnis-gesichter

In seinem Buch ‹*Prison Etiquette*› weist Dr. B. Phillips darauf hin, daß neu angekommene Häftlinge schnell lernen, sich einen apathischen und nichtssagenden Gesichtsausdruck zuzulegen. Wenn die Häftlinge jedoch unter sich sind, übertreiben sie als Reaktion auf die verborgenen Gefühle des Tages ihren Gesichtsausdruck und betonen ihr Lächeln, lachen übermütig laut und geben dem Haß, den sie gegenüber den Wärtern empfinden, unangemessen stark Ausdruck.

Das Alter zieht die Maske ab

Mit fortschreitendem Alter fällt es uns immer schwerer, die gewohnten Masken beizubehalten. Manche Frauen, die sich ihr Leben lang auf ihre schönen Gesichtszüge verlassen haben, fühlen an der Schwelle des Alters oft die Schwierigkeiten, ihr Gesicht noch ‹zusammenzuhalten›. Alte Männer neigen zu schlaffen Gesichtern, sie sabbern oder haben ihre Gesichtszüge nicht mehr unter Kontrolle. Mit fortschreitendem Alter stellen sich dann noch die Ticks ein, hängende Wangen, Runzeln auf der Stirn, die sich nicht mehr glätten lassen, und tiefe, dauerhafte Falten.

Nimm die Maske ab

Autofahrer ohne Maske

Es gibt aber auch bestimmte Situationen, in denen die Maske fällt. Im Auto – wenn unser Revier größer geworden ist – fühlen wir uns oft freier und nehmen die Maske ab, und wenn uns ein anderes Auto schneidet oder zu dicht hinter uns fährt, lassen wir uns oft zu Reaktionen hinreißen, deren Unverhältnismäßigkeit uns schockieren sollte. Warum fühlen wir uns in so unbedeutenden Situationen plötzlich so stark? Was macht es eigentlich aus, daß uns ein Auto schneidet oder zu dicht auffährt?

Maske und Aggression

Wenn wir Auto fahren, kann man uns meist nicht mehr sehen, wir haben also keinerlei Maske mehr nötig. Aus diesem Grund können alle unsere Reaktionen aggressiver werden.

Maske und Krankheit

Wenn die Maske fällt, erfahren wir viele Gründe, weshalb wir eine Maske nötig haben. Patienten in Nervenheilanstalten lassen ihre Maske oft fallen. Ihnen sind auch die üblichsten Masken oft völlig gleichgültig, und darin ähneln sie alten Menschen. Dr. Goffman berichtet von einer Insassin der Abteilung für Frauen mit regressivem Persönlichkeitsmuster, die ihre Unterwäsche falsch angezogen hatte.

Vor allen Leuten fing sie an, ihr Kleid hochzuheben und Hemd und Schlüpfer zurechtzuziehen, und als sie es auf diese Weise nicht schaffte, zog sie das Kleid einfach ganz aus und warf es auf den Fußboden, zog die Unterwäsche wieder an und streifte sich dann seelenruhig das Kleid wieder über.

Die Mißachtung verbreiteter Maskierungstechniken (wie Bekleidung, äußeres Erscheinungsbild und Körperpflege) zeigt oft am auffallendsten den Beginn psychotischer Störungen an. Umgekehrt wird der Gesundungsprozeß von Nervenkranken häufig vom wiedererwachenden Interesse an der äußeren Erscheinung begleitet.

Verwirrte Körpersprache

Wie eine beginnende Psychose den Kranken oft den Kontakt mit der Realität verlieren läßt und den verbalen Kommunikationsprozeß durch Aussagen stört, die mit der Wirklichkeit nichts mehr zu tun haben, so stiftet sie auch in seiner Körpersprache Verwirrung und Unordnung. Auch hier verliert der Kranke den Kontakt mit der wirklichen Welt. Er sendet Botschaften aus, die man sonst streng geheimhalten würde. Er läßt die ihm von der Gesellschaft auferlegten Hemmungen fahren und handelt, als sei er sich gar nicht mehr bewußt, daß andere Leute ihn beobachten.

Der Kommunikationszwang

Aber genau diese Lockerung der Kommunikationszwänge ist vielleicht der Schlüssel zum besseren Verständnis des geistig gestörten Patienten. Ein Mensch kann zwar aufhören zu sprechen, er kann aber nicht gleichzeitig aufhören, durch seine Körpersprache zu kommunizieren. Er muß mit seinem Körper etwas sagen, etwas Falsches oder Richtiges – aber es ist ihm unmöglich, nichts zu sagen. Er kann seine Mitteilungen in der Körpersprache auf ein Mindestmaß beschränken, wenn er sich richtig verhält oder so normal reagiert, wie man es eben von jedermann erwartet. Mit anderen Worten: Wenn er sich wie ein Gesunder benimmt, wird er so wenig Informationen wie möglich in der Körpersprache aussenden.

Körpersprache und Normalität

Wenn er sich aber wie ein Gesunder benimmt, ist er natürlich auch gesund. Welche anderen Kriterien hätten wir sonst für psychische Gesundheit? Ein psychisch kranker Mensch muß seiner Krankheit also per definitionem Ausdruck geben, und wenn er es tut, sendet er der Außenwelt eine Botschaft. Diese Botschaft ist in seinem Fall meist ein Hilferuf. Dadurch erscheinen die Handlungen psychisch gestörter Menschen in einem vollkommen neuen Licht, und der Therapie öffnen sich neue Wege.

Instinktive Reaktion und Körpersprache

Die Maskierung kann allerdings keine instinktiven Reaktionen verdecken. Eine gespannte Situation kann uns ins Schwitzen bringen, und es gibt keine Möglichkeit zur Maskierung dieses Vorgangs. In einer anderen unangenehmen Situation zittern vielleicht unsere Hände oder unsere Beine.

Verschleierungstechniken

Diese Reaktionen können wir verheimlichen, indem wir die Hände in die Tasche stecken, uns hinsetzen und so unsere zitternden Beine vom Gewicht des Körpers befreien, oder indem wir uns so schnell bewegen, daß man das Zittern nicht sieht oder bemerkt. Furcht kann dadurch verschleiert werden, daß man sich mit aller Kraft gerade auf die Dinge stürzt, vor denen man sich fürchtet.

Die Maske, die man nicht abnehmen kann

Das Bedürfnis, sich zu maskieren, ist oft so stark, daß die Maske sich verfestigt und zum automatischen Reflex wird. Sie läßt sich nicht mehr abnehmen oder ganz aufgeben. Es

Sexualität und Maske

gibt Situationen – wie den Geschlechtsverkehr –, in denen man sich nicht mehr maskieren sollte, um den Vorgang der körperlichen Liebe voll auszukosten. Und doch sind viele von uns nur bei völliger Dunkelheit imstande, alle Masken fallen zu lassen. Wir haben so viel Angst vor den Dingen, die wir unserem Partner in der Körpersprache mitteilen könnten, oder vor denen, die unser Gesichtsausdruck plötzlich offenbaren könnte, daß wir selbst in der Sexualität vesuchen, das Visuelle ganz auszuschalten. Zu diesem Zweck errichten wir ein moralisches Bollwerk: ‹Zugucken ist unanständig.› – ‹Geschlechtsorgane sind häßlich.› – ‹Ein anständiges Mädchen tut das nicht bei Licht.› – usw.

Sexuelle Tabus

Viele können selbst bei Dunkelheit die Maske nicht ablegen. Auch im Dunkeln können sie ihre Verteidigungsstellungen nicht aufgeben, die sie gegen den Geschlechtsverkehr errichtet haben. Hier liegt, wie Dr. Goffman meint, vielleicht ein Grund für die Frigidität von Frauen aus dem Mittelstand. Angehörige der Arbeiterklasse ziehen sich beim Geschlechtsverkehr jedoch in eine ebenso starke Abwehrstellung zurück, wenn nicht sogar in eine noch stärkere, wie Alfred C. Kinsey gezeigt hat. Der Mittelstand ist eigentlich experimentierfreudiger und maskiert Emotionen nicht ganz so weitgehend.

Der Schlüssel zu den meisten Maskierungsprozessen unserer Gesellschaft ist oft in Benimmbüchern zu suchen. Sie schreiben vor, was bei der Körpersprache richtig ist und was nicht gemacht werden darf. Ein Buch behauptet, es sei ungehörig, sich in der Öffentlichkeit das Gesicht zu reiben, seine Zähne zu berühren oder sich die Fingernägel zu säubern. Emily Post erklärt genau, was man mit seinem Körper und seinem Gesicht tun soll, wenn man Bekannte oder Freunde trifft. Ihr Benimmbuch beschreibt sogar, wie man Frauen ignorieren kann. Sie diskutiert die ‹direkte Annäherung› und wie man sie ausführt – «nur mit wirklich stichhaltigem Grund, wenn Sie eine Dame sind, einer Dame gegenüber niemals, wenn Sie ein Herr sind».

Die Benimmbücher

Wie ignoriert man Frauen?

Einen Teil unserer Maskierungen lernen oder übernehmen wir unbewußt aus unserer Kultur, während ein anderer Teil gezielt gelernt wird. Die Technik des Maskierens ist zwar der gesamten Menschheit geläufig, variiert im einzelnen jedoch von Kultur zu Kultur. Bei bestimmten Eingeborenenstämmen gilt es als unhöflich, sich bei der Unterhaltung in die Augen zu sehen, während es in Amerika unhöflich ist, wenn man dem Partner, mit dem man redet, nicht in die Augen sieht.

Kulturabhängige Masken

Wann ist ein Mensch eine Nichtperson?

In jeder Kultur gibt es Situationen, in denen man die Maske abnehmen darf. Farbigen in den Südstaaten der USA ist der ‹Haßblick› geläufig, mit dem die weißen Bewohner des amerikanischen Südens sie gelegentlich mustern. Einziger Grund dafür ist die Hautfarbe. Derselbe Haßblick oder ein anderes Zeichen unverhüllter Feindseligkeit gilt zwischen zwei Weißen als größte Provokation und darf in den Südstaaten niemals von einem ‹Schwarzen› gegenüber einem Weißen benutzt werden.

Der Haßblick der Weißen

Einer der Gründe, weshalb die Maske in diesem Fall von einem weißen Südstaatler fallen gelassen werden darf, ist, daß er, der Weiße, einen ‹Schwarzen› als Nichtperson betrachtet, als Objekt, das es nicht wert ist, sich näher mit ihm zu befassen. Im Süden haben aber auch die Farbigen ihre spezifische Körpersprache. Ein Farbiger kann einem anderen Farbigen durch ein bestimmtes Augensignal mitteilen, er sei ein ‹Bruder›, also ebenfalls ein Farbiger, obgleich seine Hautfarbe so hell ist, daß er leicht als Weißer durchgehen könnte. Mit einer anderen Art Augensignal kann er einen anderen Farbigen warnen und ihm sagen: ‹Ich gelte hier als Weißer.›

Nichtpersonen in unserer Nähe

In unserer Gesellschaft werden Kinder, auch Diener und Hausmädchen, ziemlich oft als Nichtpersonen behandelt. Wir sind – vielleicht bewußt, vielleicht unbewußt – der Meinung, vor diesen Nichtpersonen sei keine Maskierung mehr nötig. Wir brauchen keine Angst davor zu haben, die Gefühle einer Nichtperson zu verletzen. Wie kann eine solche Person überhaupt verletzliche Gefühle besitzen?

Klassenorientierte Haltung

Diese Haltung wird meist als ‹klassenorientiert› bezeichnet. Die eine Klasse der Gesellschaft nimmt sie gegenüber der nächst unteren Klasse ein; Leute mit höherem Status tragen sie vor Leuten mit niedrigerem Status zur Schau. Dem Vorgesetzten ist es vielleicht gleichgültig, ob er vor seinen Angestellten die Maske aufbehält oder fallen läßt, und eine Dame wird sich vor ihrem Hausmädchen ebensowenig maskieren wie ein Vater vor seinem Kind.

Die Wohlstandswitwen

Kürzlich saß ich mit meiner Frau in einem Restaurant. Am Nebentisch genossen zwei offensichtlich wohlbetuchte ältere Witwen ihre Cocktails. Von den Pelzen bis zu den Frisuren roch alles an ihnen nach Geld, und ihr Benehmen bestätigte diese Annahme. Obwohl sie über ganz private und vertrauliche Dinge sprachen, unterhielten sie sich in dem vollbesetzten Restaurant so laut und ungeniert, daß ihre Stimmen überallhin drangen. Wir anderen Gäste kamen in eine peinliche Lage: Entweder mußten wir so tun, als hörten wir sie nicht, oder mußten uns so intensiv um unsere Begleiter kümmern und uns so absichtsvoll intensiv mit ihnen unterhalten, daß wir dadurch die beiden Wohlstandswitwen vergessen konnten. Nur so konnten wir uns die Illusion einer privaten Sphäre bewahren.

In der Körpersprache verkündeten die beiden Frauen: ‹Sie alle sind für uns völlig unwichtig. Sie sind für uns noch nicht einmal wirkliche Leute. Sie sind Nichtpersonen. Es kommt nur darauf an, was wir wollen, und deshalb können wir die anderen Anwesenden doch gar nicht richtig in Verlegenheit bringen.›

Doppelbotschaften

Zufällig benutzten diese Damen nicht ihren Körper, um uns ihre Botschaft zukommen zu lassen, sondern ihr Stimmvolumen, und es war nicht der Sinn ihrer Sätze, der uns die Botschaft übermittelte, sondern die Lautstärke, mit der sie sich unterhielten. Hier haben wir ein Beispiel für die ungewöhnliche Technik, mit Hilfe eines einzigen Mediums zwei Botschaften auszudrücken: Die Bedeutung der Worte übermittelt die eine Botschaft, und die Lautstärke der Stimme übermittelt die andere.

Wer so die Maske fallen läßt, will verletzen. Wenn man vor einer Nichtperson die Maske abnimmt, ist einem dieser Vorgang oft gar nicht bewußt. In den meisten Fällen behalten wir unsere Masken aus irgendeinem wichtigen Grund auf. Wenn wir auf der Straße von einem Bettler angesprochen werden, dem wir nichts geben wollen, ist es wichtig, daß wir so tun, als gäbe es ihn nicht und als hätten wir ihn nicht gesehen. Wir machen ein möglichst undurchdringliches Gesicht, schauen weg und eilen an ihm vorbei. Wenn wir uns erlauben würden, die Maske abzunehmen, um den Bettler als Individuum zu sehen, könnten wir einer Konfrontation mit unserem eigenen Gewissen nicht mehr ausweichen. Darüber hinaus wären wir unter Umständen auch noch seinem zudringlichen und bittenden Versuch ausgesetzt, der uns in Verlegenheit bringen soll.

Die schützende Maske

Dasselbe gilt für viele zufällige Begegnungen. Zumindest in der Stadt können wir es uns nicht leisten, unsere Zeit für den Austausch von Worten und geistreichen Bemerkungen zu opfern. Es sind eben zu viele Leute da. In den Vororten oder auf dem Land ist es anders, und dort maskiert man sich entsprechend weniger.

Zufällige Begegnungen

Wenn wir unser wirkliches Ich zeigen, setzen wir uns außerdem unerfreulichen Interpretationen aus. Dr. Goffman bringt hierzu ein Beispiel aus einer Nervenheilanstalt. Er beschreibt einen Patienten mittleren Alters, der ständig mit einer zusammengefalteten Zeitung und einem zusammengerollten Regenschirm umherging. Seine Haltung und sein Gesichtsausdruck besagten, er müsse sich beeilen, um eine wichtige Verabredung noch einzuhalten. Diesem Patienten ging es ausschließlich darum, den Anschein zu wahren, er sei ein ganz normaler Geschäftsmann. In Wirklichkeit überzeugte er damit jedoch nur sich selbst.

Masken zur Selbsttäuschung

Im Nahen und Fernen Osten werden oft Gegenstände zur Maskierung benutzt. Die Sitte, daß Frauen Schleier tragen, soll ihnen vor allem erlauben, ihre wahren Gefühlsregungen zu verbergen, und dadurch werden sie vor zudringlichen Männern geschützt. In diesen Ländern wird Körpersprache so schnell und gut erkannt, daß ein Mann schon beim kleinsten Anzeichen einer Ermunterung versuchen

Schleier vor den Gefühlen

darf, eine Frau zum Geschlechtsverkehr zu zwingen. Der Schleier erlaubt der Frau, die untere Gesichtshälfte und alle unbeabsichtigten ermutigenden Gesten zu verbergen. Im 17. Jahrhundert waren an den europäischen Höfen zu diesem Zweck Fächer oder Masken, die an Stäben befestigt waren, im Schwange.

Die Masochistin und der Sadist

Folterinstrument Maske

In vielen Fällen kann die Maskierung als psychisches Folterinstrument benutzt werden. So machte es beispielsweise Annie. Annie ist mit Ralph verheiratet. Ralph ist älter als sie, genoß eine bessere Ausbildung und ist sich sehr wohl der Tatsache bewußt, daß er ihr intellektuell und gesellschaftlich überlegen ist. Ralph liebt Annie jedoch auf eine seltsame und irgendwie perverse Art, und er weiß, daß sie für ihn die beste Frau ist. Das hindert ihn allerdings nicht, sein ganz spezielles Spiel mit ihr zu treiben, ein Spiel, zu dem eine komplizierte und genau nach einem Stufenplan festgelegte Maskierung gehört.

Ritual

Wenn Ralph von der Arbeit nach Hause kommt, läuft jedesmal ein festgelegtes Ritual ab. Genau um halb sieben, keine Minute später oder früher, muß Annie mit dem Abendessen fertig sein und es auftragen. Um sechs trifft er ein, wäscht sich und liest bis halb sieben die Abendzeitung. Dann ruft Annie ihn zu Tisch und setzt sich hin, wobei sie verstohlen sein Gesicht beobachtet. Ralph weiß, daß sie ihn beobachtet. Annie weiß, daß er es weiß. Aber das geben die beiden nicht offen zu.

Ralph läßt sich absolut nicht anmerken, ob er die Mahlzeit gut oder schlecht findet, und beim Essen brütet Annie jedesmal ein Melodrama aus. In ihrem Magen fühlt sie krankhafte Verzweiflung hochsteigen. Mag Ralph das Essen oder nicht? Wenn nicht, dann weiß sie, was sie zu erwarten hat: einen kaltschnäuzigen Vorwurf und einen stummen, tristen Abend.

Verwicklung

Beim Essen ist Annie jedesmal voller Unruhe und beobachtet Ralphs undurchdringliches Gesicht. Hat sie die Mahlzeit richtig zubereitet? Hat sie die richtigen Gewürze benutzt? Sie hat sich nach dem Rezept gerichtet, aber noch ein paar Gewürze ihrer eigenen Wahl hinzugefügt. Ist das falsch gewesen? Ja, es muß falsch gewesen sein! Sie fühlt, wie ihr Herzschlag stockt, wie ihr ganzer Körper sich verkrampft, so unglücklich ist sie. Nein, Ralph mag es nicht. Kräuselt er nicht bereits höhnisch die Lippen?

Ralph, der dasselbe Melodrama durchlebt, schaut auf, und sein Gesicht bleibt einen langen Augenblick vollkommen unerforschlich, und währenddessen stirbt Annie tausend Tode. Dann lächelt er plötzlich zustimmend, worauf Annie innerlich vor Glück und Erleichterung singt. Das Leben ist schön, und Ralph ist ihre große und einzige Liebe, und sie ist ja so furchtbar glücklich. Mit Genuß ißt sie weiter, hat einen Bärenhunger und freut sich wahnsinnig.

Lösung

Durch sorgfältige Manipulation seiner Maske, durch genaue Dosierung seiner Körpersprache hat Ralph seine Frau auf subtile Weise gefoltert und belohnt. Wenn Annie und er nachts im Bett liegen, benutzt er die gleiche Methode. Er gibt ihr keinen Wink, kein Zeichen seiner Gefühle, keine Andeutung seiner Absicht, ob er heute nacht mit ihr schlafen will oder nicht, und Annie macht dasselbe ausgeklügelte Drama durch: ‹Wird er mich berühren? Liebt er mich noch? Wie soll ich es ertragen, wenn er mich abweist?›

Ziele der manipulierten Körpersprache

Wenn Ralph schließlich seinen Arm zu Annie ausstreckt und sie berührt, explodiert sie in leidenschaftlicher Ekstase. Wir können hier die Frage nicht entscheiden, ob Annie Opfer oder Komplice ist. Für uns ist nur wichtig, daß die Maskierung als Foltermittel benutzt wurde. Die sadomasochistische Beziehung zwischen Annie und Ralph nützt beiden auf seltsame Weise; nur bringt den meisten Leuten mit Masken das Tragen der Maske einen greifbaren Vorteil.

Opfer und Komplice

Wie man die Maske ablegt

Die tatsächlichen oder eingebildeten Vorteile der Maskierung sind so groß, daß wir nur widerwillig die Maske ablegen. Wenn wir es tun, drängen wir anderen vielleicht eine Beziehung auf, die sie gar nicht wünschen. Oder wir riskieren sogar eine Abfuhr. Andererseits kann unsere Maske auch zwischenmenschliche Beziehungen vereiteln, die wir uns wünschen. Gewinnen wir ebensoviel, wie wir verlieren?

Gründe der Maskierung

Nehmen wir zum Beispiel den Fall von Claudia. Claudia, etwas über dreißig Jahre alt, ist durchaus nicht reizlos. Sie besitzt eine nicht ausgeprägte, aber dennoch spürbare An-

Der Fall Claudia

ziehungskraft. In der großen Investmentfirma, bei der sie beschäftigt ist, kommt sie im Laufe ihres Arbeitstages mit vielen Männern in Berührung, und sie geht oft aus. Aber sie ist immer noch allein und – obgleich sie das nur äußerst ungern zugibt – Jungfrau.

Claudia beteuert, daß sie an diesem mißlichen Zustand keine Schuld trägt. Sie ist ein leidenschaftliches Mädchen, und die Aussicht, ihr Leben als einsame alte Jungfer zu verbringen, flößt ihr Schrecken ein. Weshalb kann sie dann keinen Mann emotional und sexuell fesseln? Claudia weiß nicht, warum, aber die Männer, mit denen sie ausgeht, wissen den Grund.

Die abweisende Maske

«Sie weist jeden ab», erklärt einer von ihnen. «Zum Teufel, ich mag Claudia wirklich gern. Bei der Arbeit ist sie ein phantastischer Kumpel, und ich bin mit ihr ausgegangen, aber sobald sich etwas anspinnt, wird sie zu Eis. Ihre Botschaft ist ganz deutlich: ‹Bitte nicht berühren. Ich möchte es nicht.› Wer hat schon Lust, sich mit so was abzugeben?»

Wer kann Claudias abweisende Fassade durchdringen und die gefühlsbestimmte und leidenschaftliche Frau dahinter entdecken? Claudia befürchtet ständig, abgewiesen zu werden, und weist deshalb lieber selbst ab, bevor sich eine echte Beziehung entwickeln kann. So schützt sie sich vor Kränkungen.

Vielleicht ist das nicht gerade schlau. Aber wenn das, wovor man sich am meisten auf der Welt fürchtet, eine Abfuhr ist, ist die Methode wirksam. Für Claudia ist sie es. Also wird sie ihre Tage lieber einsam beschließen als etwas riskieren.

Vorgeschriebene Masken

Claudias Maskierung ist unnötig und sinnlos, aber es gibt auch notwendige Masken, die von der Gesellschaft vorgeschrieben werden. Wer sich an diese Vorschriften hält, wünscht vielleicht verzweifelt, in der Körpersprache etwas mitzuteilen, aber allgemeine Sitten und Gebräuche erlauben es nicht.

Ein Opfer dieser schädlichen Wirkung der Maskierung ist eine siebzehnjährige Bekannte von mir, die mit ihren Problemen zu meiner Frau kam.

«Da ist dieser Junge, mit dem ich jeden Tag im Bus nach Hause fahre, und er steigt an derselben Haltestelle aus wie ich, und ich kenne ihn nicht, aber ich finde ihn toll und möchte ihn kennenlernen, und ich glaube, daß er mich auch mag, aber wie schaffe ich es, mich mit ihm anzufreunden?»

Meine durch praktische Erfahrung gewitzte Frau schlug für die nächste Busfahrt ein paar unhandliche und schwere Päckchen und ein sorgfältig einstudiertes Stolpern vor, damit alle Päckchen beim Aussteigen aus dem Bus durch die Luft fliegen konnten.

Der erlösende Trick

Zu meiner Überraschung tat der Trick seine Wirkung. Der kleine Unfall führte zu der einzig möglichen Reaktion, denn die beiden waren die einzigen Fahrgäste, die an jener Haltestelle den Bus verließen: Er half ihr die Päckchen aufsammeln und trug sie, und sie war verpflichtet, ihre Maske fallen zu lassen. Jetzt konnte auch er seine Maske ablegen, und als sie zu Hause ankam, bat sie ihn zu einer Erfrischung ins Haus, und so ging es dann weiter.

Hemmende Masken

Die Maske sollte also oft im geeigneten Moment fallen gelassen werden, sie muß sogar fallen gelassen werden, wenn ein Mensch sich weiterentwickeln will und wenn er jemals eine enge Bindung mit einem anderen Menschen anknüpfen will. Unser großes Problem ist, daß wir eine Maske, die wir tragen, tagein, tagaus getragen haben, nicht so leicht ablegen können.

Masken der Freiheit

Manchmal legt man die Maske nur ab, um eine andere aufzusetzen. Der Mann, der sich für eine Amateur-Theatervorstellung als Clown verkleidet, wirft mit seinem gewohnten Anzug auch seine gewohnten Hemmungen ab und kann dann in perfekter Gelöstheit und Freiheit seine Kapriolen schlagen, Witze reißen und Clownerien zum besten geben.

Anonymität als Garantie der Freiheit

Die Maske der Dunkelheit macht manche von uns frei für die körperliche Liebe ohne Hemmungen und ohne Maskierung; bei anderen erfüllt die Maske der Anonymität denselben Zweck.

Männliche Homosexuelle berichteten mir von Intimbeziehungen – vom Kennenlernen bis zur sexuellen Befriedigung –, bei denen sie weder ihren Namen preisgegeben noch den Namen des Partners erfahren hatten. Als ich fragte, wieso sie derart intim werden könnten, ohne den Namen des Partners zu kennen, lautete die Antwort immer: «Aber dadurch wird es irgendwie noch besser. Ich kann mich gehenlassen und tun, wozu ich Lust habe. Schließlich kennen wir uns nicht, und was macht es da schon aus, was man tut oder sagt?»

In gewissem Maß trifft das auch für Männer zu, die eine

Prostituierte aufsuchen. Die Anonymität garantiert mehr Freiheit.

Doppelte Maskierung

Aber alle diese Fälle sind im Grunde nichts anderes als Beispiele für eine doppelte Maskierung: Man baut sich eine neue Verteidigungsstellung, damit man die ursprüngliche Maske ablegen kann. Parallel zu dem konstanten Bedürfnis, unsere Körpersprache im Zaum zu halten und alle Signale, die wir aussenden, genau zu kontrollieren, läuft das paradoxe Bedürfnis, in vollkommener Freiheit und Hemmungslosigkeit Botschaften auszusenden, aller Welt mitzuteilen, wer man ist und was man will, in die Wildnis hinausrufen und Antwort zu bekommen, die Maske abzulegen und zu sehen, ob die darunter verborgene Person ein Wesen mit eigenen Rechten ist, kurz, sich zu befreien und sich mitzuteilen.

Das Freiheitsbedürfnis

6
Die wunderbare Welt der Berührung

Komm und nimm meine Hand

Geschichte eines Störenfrieds

Vor einiger Zeit leitete ich ehrenamtlich im Gemeindesaal unseres Ortes einen Kurs für kreatives Schreiben, der für junge Leute bestimmt war. Harold, einer der Jungen, die am Kurs teilnahmen, war vierzehn Jahre alt und ein geborener Störenfried. Er sah gut aus, war ziemlich groß für sein Alter und sehr lautstark. Er schaffte sich Feinde ohne die geringste Mühe, obwohl er sich meist obendrein noch Mühe gab.

Als die fünfte Sitzung stattfand, haßten ihn alle Kursteilnehmer, und er befand sich auf dem besten Wege, das ganze Vorhaben zu torpedieren. Ich war verzweifelt. Von Nettigkeit und Freundlichkeit bis zu Zorn und Bestrafung versuchte ich alles, aber nichts schlug an, Harold blieb ein unverbesserlicher Unruhestifter.

Die falsche Reaktion

Eines Abends ging er beim Necken eines der Mädchen zu weit, und ich packte ihn mit beiden Händen. Im selben Augenblick erkannte ich den Fehler, den ich gemacht hatte. Was sollte ich tun? Ihn loslassen? Dann wäre er der Sieger gewesen. Ihn schlagen? Kaum, bei dem Alters- und Größenunterschied zwischen uns.

Der unheimliche Diener

Ich hatte den genialen Einfall, ihn zu Boden zu ringen und dann zu kitzeln. Zuerst schrie er vor Wut und dann vor Lachen. Erst als er keuchend Besserung gelobte, ließ ich ihn aufstehen und mußte mit gemischten Gefühlen entdecken, daß ich mir einen treuen, aber leicht unheimlichen Diener geschaffen hatte. Als ich ihn kitzelte, war ich in seine Körperzone eingedrungen und hatte ihn gehindert, diese Körperzone als Verteidigung zu gebrauchen.

Von dieser Zeit an benahm sich Harold musterhaft, aber er wurde auch zu meinem treu ergebenen Begleiter und Kumpel, hängte sich an meinen Arm oder an meinen Hals, schubste mich und berührte mich und kam mir physisch so nahe, wie er konnte.

Kontakt durch Aggression

Ich ging auf seine Annäherung ein, und so blieb es während des ganzen Kurs. Sein Verhalten faszinierte mich: Ich war in seine persönliche Sphäre eingedrungen und hatte sein geheiligstes Revier verletzt und hatte dadurch zum erstenmal mit ihm wirklich Kontakt bekommen.

Dieses Erlebnis lehrte mich, daß in einem bestimmten Augenblick die Masken fallen müssen und durch körperliche Berührung Kontakt hergestellt werden muß. In vielen Fällen ist emotionale Freiheit so lange unmöglich, wie wir unsere persönliche Sphäre, die Maske, die wir zum Schutz aufgesetzt haben, nicht durchbrechen können, nicht mit einem anderen Menschen durch Berührung und Streicheln und physische Kontakte verkehren können. Vielleicht ist Freiheit kein individuelles, sondern ein Gruppenphänomen.

Emotionale Freiheit ohne Maske

Freiheit als Gruppenphänomen

Diese Erkenntnis hat einem Team von Psychologen den Anstoß zur Bildung einer Therapieschule gegeben, die sich der Probleme der Körpersprache besonders annimmt, sich aber auch um das Durchbrechen der Maskierung mit körperlichen Kontakten bemüht.

Lähmende Masken

Kinder entdecken ihre Welt durch Berührungen, bevor ihnen die Verbote und Zwänge unserer Gesellschaft eingeprägt werden. Sie berühren ihre Eltern und kuscheln sich in deren Arme, betasten sich selbst, empfinden Vergnügen bei der Berührung ihrer Geschlechtsteile, Sicherheit bei der Berührung ihrer Bettdecken, Aufregung beim Berühren von kalten oder heißen, glatten oder rauhen Gegenständen.

Die Welt der Berührung

Je älter ein Kind wird, desto mehr wird dieses Erkenntnisvermögen eingeschränkt: Die Welt der Berührung schrumpft zusammen. Das Kind lernt, körperliche Schutzzonen zu errichten, es erfährt seine Revier-Bedürfnisse und entdeckt, daß man sich durch Maskierung vor schmerzlichen Erfahrungen schützen kann, obgleich man dadurch viel von der Möglichkeit aufgibt, unmittelbare Gefühle zu erleben. Es beginnt zu glauben, indem es an Ausdruckskraft und Gefühl verliert.

Sozialisierung

Unglücklicherweise verhärten sich die Masken nur allzu oft, wenn das Kind zum Erwachsenen heranwächst. Die Masken sitzen immer fester, schließlich schützen sie nicht mehr, sondern lähmen. Erwachsene entdecken oft, daß ihre Maske ihnen zwar hilft, die Privatsphäre abzusichern und unerwünschte Beziehungen von sich fernzuhalten, daß sie aber auch immer einengender wirkt und nicht nur die Be-

Verhärtung der Persönlichkeit

ziehungen von ihnen fernhält, die sie nicht wünschen, sondern auch die, die sie sich wünschen.

Psychische Starrheit und Folgen

Dann wird der Erwachsene psychisch unbeweglich. Da psychische Eigenschaften jedoch leicht in physische Eigenschaften umschlagen, wird er auch körperlich unbeweglich. Die neue Therapie, die auf den Experimenten des Esalen Institute in Big Sur (Kalifornien) auf Forschungsarbeiten bei isoliert lebenden Männern in der Antarktis sowie auf Gruppenseminaren (*encounter groups*) in der ganzen Welt aufbaut, versucht die körperliche Unbeweglichkeit zu lokkern und sich bis zur Heilung der psychischen Immobilität vorzuarbeiten.

Begegnungsgruppen

Dr. William C. Schutz hat viel über die neue Technik der Begegnungsgruppen geschrieben. Sie soll die Identität des Individuums vor dem Druck der modernen Gesellschaft retten und schützen. Um zu zeigen, wie viele Gefühle und Verhaltensformen durch die Körpersprache ausgedrückt werden, erwähnt Dr. Schutz eine Reihe interessanter Ausdrücke, die Verhaltensformen und emotionale Zustände mit Termini aus dem Bereich des Körpers bezeichnen: «eine Last auf der Schulter»; «Kopf hoch»; «Kinn hoch»; «mit den Zähnen knirschen»; «ein verbissener Zug um den Mund»; «die Zähne zeigen»; «die Zunge in acht nehmen»; «mit den Augen Blitze abschießen» usw.

Psyche und Körpersprache

Alle Ausdrücke belegen Vorgänge der Körpersprache. Jeder von ihnen drückt außer einer Emotion auch einen physischen Vorgang aus, der eben diese Emotion signalisiert.

Emotionen und Verhaltensmuster

Wenn wir an diese Ausdrücke denken, leuchtet uns die Erklärung von Dr. Schutz ein, wonach «psychische Vorgänge Körperhaltung und Körperfunktion beeinflussen». Er führt die These von Dr. Ida Rolf an, Emotionen verhärteten den Körper in festgeprägten Verhaltens- und Bewegungsmustern. Ein Mensch, der sich konstant unglücklich fühlt, entwickelt ein Stirnrunzeln, das zum festen Bestandteil seiner physischen Erscheinung wird.

Die aggressive Haltung

Ein aggressiver Mensch, der seinen Kopf pausenlos nach vorn neigt, entwickelt eine Körperhaltung mit vorgebeutem Kopf und kann diese Haltung nicht mehr ändern. Nach Dr. Rolf lassen bestimmte Gefühle den Körper in einer ganz bestimmten Haltung erstarren. Umgekehrt zieht diese Körperhaltung oder dieser Körperausdruck dann wiederum bestimmte Emotionen nach sich. Von einem Gesicht, das in permanentem Lächeln erstarrt ist, wird nach Dr. Rolf auch die Persönlichkeit beeinflußt, und der Betreffende beginnt ‹psychisch› ebenfalls zu lächeln. Dasselbe gilt für Stirnrunzeln und allgemeinere, weniger auffällige körperliche Merkmale.

In seinem Buch ‹*Physical Dynamics of Character Structure*› fügt Dr. Alexander Lowen dieser faszinierenden Theorie die Feststellung hinzu, sämtliche neurotischen Erscheinungen äußerten sich in Beschaffenheit und Funktion des Körpers. «Keine Worte sind so deutlich wie die Sprache des körperlichen Ausdrucks, wenn man erst einmal gelernt hat, sie zu entziffern.» Anschließend versucht er, die Funktionen des Körpers mit den Gefühlen in Beziehung zu setzen. Ein Mensch mit krummem Rücken, so glaubt er, kann nicht die starke Persönlichkeit eines Menschen mit geradem Rükken besitzen. Ein Mensch mit geradem Rücken ist dagegen weniger flexibel.

Neurotischer Körperausdruck

Was man fühlt, das ist man

Vielleicht kannten die Erfinder des militärischen Drills die Beziehung zwischen Körperhaltung und Gefühlen, als sie den Soldaten gerade und aufrechte Haltung befahlen. Man hoffte, sie dadurch standfest und entschlossen zu machen. An dem Klischee vom alten Soldaten, der einen ‹Ladestock verschluckt› hat und eine unbeugsame Persönlichkeit besitzt, ist sicher etwas Wahres.

Die soldatische Haltung

Dr. Lowen ist der Meinung, zurückgezogene Schultern repräsentierten unterdrückten Ärger, gehobene Schultern hätten etwas mit Furcht zu tun, eckige Schultern seien fähig, Verantwortung auf sich zu nehmen, gebeugte Schultern trügen eine Bürde, das Gewicht einer schweren Last.

Sprache der Schultern

Bei vielen Spekulationen von Dr. Lowen fällt es schwer, Tatsachen von literarischen Phantasien zu trennen. Das gilt besonders für seine Annahme, die Haltung des Kopfes sei objektiver Ausdruck von Persönlichkeitsstärke und -qualität. Er spricht von einem langen, stolzen Hals oder einem kurzen Stiernacken.

Trotzdem scheint Dr. Lowens Verbindung von emotionalen Zuständen und ihren physischen Manifestationen zum großen Teil durchaus sinnvoll. Wenn die Art, wie ein Mensch geht, sitzt, steht, sich bewegt, wenn sein Körper

Therapie durch Körpersprache

also auf seine Stimmung und Persönlichkeit und seine Fähigkeit, mit anderen Menschen in Kontakt zu kommen, schließen läßt, dann muß es auch Mittel und Wege geben, einen Menschen zu ändern, indem man seine Körpersprache ändert.

In seinem Buch ‹*Freude*› bemerkt Dr. Schutz, daß Menschen oft mit übereinandergeschlagenen Beinen und Armen zusammensitzen, um jedem, der sich ihnen nähern will, Festigkeit, Isoliertheit und Verteidigungsbereitschaft zu demonstrieren. Wenn man jemanden aus einer solchen Gruppe bittet, sich zu lockern, seine Beine oder Arme nicht mehr übereinanderzuschlagen, dann kann man, wie Dr. Schutz glaubt, ihn auch dazu bewegen, mit den übrigen Anwesenden Kontakte anzuknüpfen. Wichtig dabei ist, daß man erkennt, was der Mensch mit seinen übereinandergeschlagenen Armen und Beinen sagen will, welche Botschaft er damit aussendet. Auch für den Betreffenden selbst ist es wichtig, daß er weiß, welche Botschaft er eigentlich ausdrücken will. Bevor er seine innere Spannung lösen kann, muß er die Gründe für diese Spannung kennen.

Kontaktbereitschaft

Spannung und Lockerung

Wie man aus seinem Schneckenhaus herauskommt

Wie kann man aus seinem Schneckenhaus herauskommen? Wie kann man mit anderen Menschen Kontakt anknüpfen? Der erste Schritt zur Befreiung muß das Erkennen des Schneckenhauses sein. Man muß die Verteidigungsmittel verstehen, die man selbst entwickelt hat und benutzt. Kürzlich führte man mir in einem Fürsorger-Ausbildungszentrum der New York University Videotonbänder von Interviews mit Fürsorgern vor, die in der Beratungstechnik milieugestörter Kinder unterwiesen wurden.

Die Beratungssituation

Auf einem Film interviewte eine gutaussehende, gutgekleidete Weiße, die eitel Freundlichkeit ausströmte, ein gehemmtes und extrem introvertiertes schwarzes Mädchen von vierzehn Jahren. Das Mädchen saß mit gesenktem Kopf am Tisch, wobei es mit der linken Hand die Augen bedeckte. Die rechte Hand lag auf der Mitte der Tischplatte.

Während des Interviews behielt das Mädchen seine linke Hand vor den Augen. Obgleich es sich sehr gut ausdrücken konnte, sah es nicht hoch, nur die rechte Hand bewegte sich verstohlen über den Tisch in Richtung auf die Fürsorgerin, die Finger zogen die Hand förmlich voran, zuckten zurück und schoben sich dann wieder schmeichelnd und auffordernd vor, riefen mit einem fast hörbaren Aufschrei der Körpersprache: ‹Berühren Sie mich! Um Himmels willen – berühren Sie mich! Nehmen Sie meine Hand und zwingen Sie mich, Sie anzuschauen!›

Kontaktversuch

Die weiße Fürsorgerin, noch unerfahren in der Technik der Beratung und über diese neue Erfahrung gründlich verängstigt (es handelte sich um eines ihrer ersten Interviews), saß mit übereinandergeschlagenen Beinen und über der Brust verschränkten Armen aufrecht da. Sie rauchte und bewegte sich nur, wenn sie die Asche der Zigarette abstreifen mußte, aber danach kehrten ihre Hände jedesmal wieder in die Verteidigungsstellung vor der Brust zurück. Ihre physische Haltung spiegelte ihren inneren Zustand ohne Verzerrung wider: ‹Ich habe Angst und kann dich nicht berühren. Ich weiß nicht, wie ich mit der Situation fertig werden soll, aber ich muß mich selbst schützen.›

Verteidigungsstellung gegen Kontakte

Wie entschärft man eine solche Situation?

Dr. Arnold Buchheimer, Professor für Pädagogik an der New York University, ließ – als ersten Schritt zur Entschärfung – der Fürsorgerin den Film vorführen (der ohne Wissen der Beraterin und des beratenen Mädchens aufgenommen worden war). Dabei besprach man mit der Fürsorgerin ausführlich Art und Gründe ihrer Reaktion. Dann wurde sie ermutigt, Ängste und Hemmungen, ihre Starrheit und Verkrampfung zu prüfen und bei der nächsten Sitzung den Versuch zu wagen, mit dem Mädchen zuerst physisch und dann verbal Kontakt aufzunehmen.

Analyse der Fehlreaktion

Noch vor Ende ihrer Ausbildung hatte die Fürsorgerin durch Training und Analyse des eigenen Verhaltens nicht nur gelernt, verbal zum Kern der Probleme des Mädchen vorzudringen, sondern auch physisch. Sie konnte ihren Arm um die Schutzbefohlene legen, sie liebevoll festhalten und ihr ein bißchen von der mütterlichen Wärme geben, die sie brauchte.

Training der Körpersprache

Die physische Reaktion der Fürsorgerin war der erste Schritt auf dem Weg zur verbalen Reaktion und zur Hilfe für das Mädchen, das sich so selbst helfen konnte. Das Mädchen hatte mit eindeutigen Zeichen der Körpersprache um physischen Kontakt gebeten. Der gesenkte Kopf und die Hand, mit der sie ihre Augen bedeckte, hatten gesagt:

Analyse des Annäherungsversuchs

‹Ich schäme mich. Ich kann Sie nicht ansehen. Ich habe Angst.› Die andere Hand, die sich über den Tisch der Fürsorgerin entgegenstreckte, bedeutete: ‹Berühren Sie mich. Geben Sie mir Sicherheit. Stellen Sie einen Kontakt zu mir her.›

Die Fürsorgerin hatte durch das Verschränken der Arme über der Brust und durch ihre verkrampfte Haltung ausgesagt: ‹Ich habe Angst. Ich kann dich weder berühren noch dir erlauben, in meine Privatsphäre einzudringen.›

Hilfe durch körperlichen Kontakt

Die beiden konnten sich erst begegnen, sich Hilfe geben und Hilfe empfangen, als sie ihre Privatsphären füreinander öffneten und unmittelbaren, physischen Kontakt herstellten.

Verbale Kontakte

Kontakt und Eindringen in die Privatsphäre, die Barrieren niederlegen und zur Aufgabe der Maskierung führen, brauchen nicht immer das Stadium der physischen Annäherung zu durchlaufen. Sie können auch verbal sein. Bei einem Aufenthalt in Chicago lernte ich einen bemerkenswerten jungen Mann kennen. Er besaß die ungewöhnliche Fähigkeit, nur mit Worten die Barrieren und Masken anderer Menschen zu zerstören. Als ich eines Abends mit ihm die Straße entlangging, stießen wir auf ein Restaurant im Stil der Mitte des 19. Jahrhunderts. Der Portier war von imposanter Statur und trug eine stilgerechte Uniform.

Das Beispiel des Portiers

Mein neuer Freund blieb stehen und begann zu meiner großen Verlegenheit mit dem Portier die vertraulichste Unterhaltung, die man sich denken kann. Er unterhielt sich mit ihm über seine Familie, seine Hoffnungen im Leben und das, was er bisher erreicht hatte. Mir schien es der schlimmste Verstoß gegen den guten Geschmack, denn man dringt nun einmal nicht auf diese Weise in die Privatsphäre eines anderen Menschen ein.

Sozialer Kontakt

Ich war ganz sicher, daß der Portier gereizt reagieren würde, daß er sich beleidigt fühlen und verlegen zurückziehen würde. Zu meinem Erstaunen geschah nichts dergleichen. Der Portier zögerte nur ganz kurz und antwortete, und bevor zehn Minuten um waren, hatte er meinem Bekannten seine Hoffnungen und Probleme anvertraut. Als wir ihn verließen, war er erfreut und begeistert. Völlig erschlagen fragte ich meinen neuen Freund: «Gehen Sie immer so direkt ran?» – «Warum denn nicht?» fragte er zurück. «Ich kümmere mich um den Mann. Ich war bereit, ihn nach seinen Problemen zu fragen und ihm Ratschläge zu geben. Das hat er anerkannt. Mir ist besser, weil ich es getan habe, und er fühlt sich erleichtert, weil ich es getan habe.»

Die stumme Cocktailparty

Das stimmte, aber die Fähigkeit, sich über Geschmack und Privatsphäre hinwegzusetzen, ist eine seltene Gabe. Nicht alle von uns besitzen sie, und nicht alle, die sie besitzen, sind vor der Gefahr gefeit, Anstoß zu erregen. Ich frage mich auch, ob mein Bekannter bei einem Menschen, der ihm überlegen gewesen wäre, ebensoviel Erfolg gehabt hätte. Portiers werden von vielen Leuten als Nichtpersonen betrachtet und sind vielleicht jedem dankbar, der sie überhaupt als Menschen zur Kenntnis nimmt.

Nicht-verbale Kontakte

Auch wenn wir keinen verbalen Kontakt schaffen können, bleiben uns Mittel, nicht-verbal miteinander zu verkehren. Diese Art der Kommunikation bedient sich nicht unbedingt physischer Kontakte. Eine sehr erfolgreiche Methode lernte ich auf einer Cocktailparty kennen, die ein mir bekannter Psychologe gab. Er bat seine Gäste mit kleinen Einladungskarten zu sich, auf denen ihnen mitgeteilt wurde, es sollte eine stumme Party gefeiert werden.

Die Rühr-mich-an-Party

«Sie dürfen berühren, riechen, schmecken, gucken», stand auf der Einladung, «aber Sie dürfen auf keinen Fall reden. Wir verbringen einen Abend mit nicht-verbaler Kommunikation.»

Meine Frau und ich ärgerten uns zunächst ein bißchen über diese preziöse Einladung, aber wir konnten schlecht absagen. Wir gingen hin und waren zu unserer Überraschung tief beeindruckt.

Das Zimmer war ausgeräumt worden, es gab keine Sitzgelegenheiten. Wir mußten alle stehen und gingen umher, tanzten, gestikulierten, verzogen unsere Gesichter und vollführten komplizierte Scharaden.

Arbeit des Kennenlernens

Unter den Gästen befand sich nur ein einziges uns bekanntes Ehepaar, allen anderen mußten wir uns selbst vorstellen. Das erzwungene Schweigen schien uns zuerst hinderlich, erwies sich dann aber als hilfreich. Wir mußten wirklich arbeiten, um uns kennenzulernen, und erstaunlicherweise endete der Abend damit, daß wir unsere neuen Bekannten sehr gut und gründlich kennengelernt hatten.

Auflösung der sprachlichen Maske

Folgendes war geschehen: Das verbale Element der Maskierung war weggefallen. Der Rest unserer Maske war nur noch halb so gut abgesichert. Sie rutschte ohne unser Zutun herunter, und wir merkten, daß wir ohne sie die besten Kontakte herstellen konnten. Diese Kontakte waren nun größtenteils körperliche Kontakte.

Sprachbarrieren und Verständnis

Das allgemeine Schweigen schloß alle Betonungsmittel der Sprache und ihren Statusgehalt von vornherein aus. Ich gab einem Mann die Hand und fühlte in seiner Handfläche Schwielen. Das führte zu einer pantomimischen Darstellung seiner Arbeit in einem Bautrupp und, da wir keine Sprachbarriere zu überwinden hatten, zu einem besseren Verständnis, als es normalerweise zwischen zwei Männern aus verschiedenen Gesellschaftsschichten spontan möglich ist.

Spiel ohne Verlierer

Es handelt sich hier natürlich um eine Art Gesellschaftsspiel, das sich jedoch von anderen durch ein bestimmtes Merkmal unterscheidet. Es gibt keinen Verlierer, und das Gesamtresultat besteht in einem grundlegenden Verständnis der Menschen, mit denen man spielt. Es gibt noch andere Spiele, die absichtsvoll die zwischenmenschliche Kommunikation fördern, die Körpersprache verständlich machen und die Barrieren niederreißen, die wir zu unserem Selbstschutz errichten.

Spiele für die Gesundheit

Bewußtseinsspiele

Dr. Schutz hat eine ganze Anzahl dieser ‹Gesellschaftsspiele› zusammengestellt. Einige wurden vom California Institute of Technology gesammelt, einige von der UCLA School of Business und einige von den National Training Laboratories in Bethel, Maine. Sie dienen alle dem Zweck, Barrieren zu durchbrechen, sich selbst und anderen die Maske abzunehmen und sich der Körpersprache und ihrer Botschaften bewußt zu werden.

Das «Raumfühlen»

Eins davon bezeichnet Dr. Schutz als «Raumfühlen». Er weist eine Gruppe von Leuten an, sich auf dem Fußboden oder auf Stühlen zusammenzusetzen, mit geschlossenen Augen die Hände auszustrecken und den Raum um sich herum zu ‹erfühlen›. Dabei werden sie unweigerlich in physischen Kontakt miteinander kommen, sich gegenseitig betasten und erforschen und auf diese Kontakte und die direkte Annäherung des Nachbarn an den eigenen Körper reagieren.

Manche Menschen, so bemerkt Dr. Schutz, berühren gern andere, manche nicht. Manche lassen sich gern berühren, manche nicht. Die möglichen Wechselwirkungen und Kombinationen wecken häufig versteckte Gefühle und Empfindungen. Wenn man sie nachher gemeinsam bespricht, können Berührer und Berührte zu einem neuen Verständnis ihrer selbst und ihrer Nachbarn vorstoßen.

Berührung weckt Gefühle

Ein anderes Spiel nennt Dr. Schutz «Blindekuh». Dabei geht man – wiederum mit geschlossenen Augen – in einem Raum herum und trifft, berührt und entdeckt sich gegenseitig mit den Händen. Das Ergebnis ist dem des Raumfühlens vergleichbar.

Blindekuh

Außer diesen Versuchen der Selbstentdeckung schlägt Dr. Schutz Techniken vor, um Gefühlsregungen in Körpersprache zu übersetzen. Als Beispiel führt er einen jungen Mann an, der sich vor jeder engeren menschlichen Beziehung zurückzog, die ihn vielleicht hätte verletzen können. Weglaufen fiel ihm leichter als das Risiko, verletzt zu werden. Um ihm bewußt zu machen, was er eigentlich tat, versuchte seine Therapiegruppe ihn soweit zu bringen, demjenigen aus der Gruppe seine wahre Meinung zu sagen, den er am wenigsten ausstehen konnte. Als er protestierte, genau das könne er nicht tun, befahl man ihm, die Gruppe zu verlassen und sich in eine Ecke zu setzen. Diese Umsetzung eines inneren Geschehens in die äußere Realität ließ ihn begreifen, daß er sich lieber in sich selbst zurückzog als einem Menschen direkt und offen gegenüberzutreten. Er würde sich eher von einer Gruppe ausschließen als etwas zu riskieren, das mit einer unangenehmen Situation enden könnte und einen anderen Menschen gegen ihn einnehmen könnte.

Körpersprache als Hilfssprache

Physische Umsetzung

Die Technik der Begegnungsgruppen beruht zum großen Teil auf der ‹physischen› Umsetzung emotionaler Probleme. Was bereits im emotionalen Bereich vorhanden ist, wird auf die Ebene der Körpersprache gehoben. Wenn wir es mit unserem Körper sagen, verstehen wir unsere Probleme meist besser und gründlicher.

Technik der Begegnungsgruppen

Nach der therapeutischen Methode von Dr. Schutz kann beispielsweise ein Mann, in dem sich eine tatsächlich vorhandene Liebe zu seinem Vater mit unterdrückten Haßgefühlen verbindet, widersprüchliche Gefühle dann am besten erkennen und mit ihnen fertig werden, wenn er so tut, als

Abreaktion des Konflikts

personifiziere er irgendein Objekt – sagen wir einmal ein Kissen – mit seinem Vater. Er wird so ermutigt, seinen Haß und seine Wut durch Schläge auf das Kissen abzureagieren.

Emotionale Selbstbefreiung

Die wütenden Schläge auf das Kissen werden den ‹Schläger› oft emotional entlasten und ihn von seiner Feindseligkeit gegen den Vater befreien. Wenn er sich durch diese eindeutig körperliche Reaktion ausgedrückt hat, fühlt er sich vielleicht nicht mehr in einer schwerwiegenden Konfliktsituation. Er ist unter Umständen sogar fähig, die Liebe zu seinem Vater auszudrücken, die bisher immer von Ressentiments und Feindseligkeit erstickt wurde.

Was geschah mit ihm? Seine Gefühle wurden befreit, er konnte endlich hassen und lieben. Jedoch nicht nur ein lebloses Objekt wie das Kissen, sondern auch die Wechselwirkung zwischen wirklichen Menschen kann Gefühle befreien.

Der Weg in den Kreis

Eine andere Technik, Menschen zu sich selbst zu führen, läßt sich ebenfalls in der Gruppe praktizieren. Die Gruppe bildet einen Kreis, wobei sich alle gegenseitig mit den Armen unterhaken. Die Person, die um ihr Selbstverständnis kämpft, muß sich einen Weg in den Kreis erzwingen. Die Art und Weise, wie sie sich in dieser Situation verhält, kann ihr helfen, ihr wahres Ich und ihre wirklichen Bedürfnisse zu erkennen.

Techniken des Eindringens

Manche Leute werden sich ihren Weg in den Kreis mit Brachialgewalt freikämpfen. Manche werden ihre Überredungskünste zu Hilfe nehmen, andere werden zu abgelegeneren und raffinierteren Methoden greifen, werden beispielsweise ein Mitglied des Kreises so lange kitzeln, bis es zur Seite rückt und den Kitzelnden einläßt.

Auswahl bei Begegnungsgruppen

Wenn man eine neue Begegnungsgruppe zusammenstellt, schlägt Dr. Schutz eine interessante Technik zur Auswahl der einzelnen Mitglieder vor. Man stellt eines nach dem anderen der Gruppe vor, die sie physisch untersucht, schubst, herumstößt, beobachtet, berührt und beriecht. Dr. Schutz ist der Meinung, die Realität des jeweiligen Teilnehmers werde dadurch für die anderen Mitglieder viel spürbarer.

Beobachtung der Körpersprache

Die Körpersprache ließe jedoch noch eine andere Technik zu. Ein Mitglied der Gruppe könnte von den anderen beobachtet und anschließend mit Mitteln der Körpersprache beschrieben werden. Was sagt es durch seinen Gang, durch seine Haltung, seine Gesten? Ist das, was wir aus seiner

Körpersprache herauslesen, wirklich die Botschaft des jeweiligen Teilnehmers, und hat er diese Botschaft so gemeint?

Aussage der Signale

Eine Diskussion der ausgesandten und empfangenen Signale könnte einem Menschen zu neuen Einsichten über sich selbst verhelfen. Welche Botschaft senden Sie aus? Drückt Ihr Gang aus, wie Sie sich wirklich so fühlen, wie Sie glauben, sich zu fühlen, oder drückt er das aus, was andere von Ihnen halten? Wir senden bestimmte Signale in der Körpersprache aus, und es ist durchaus möglich, daß wir mehr über uns erfahren, wenn wir wissen, was andere aus unseren Signalen herauslesen.

Viele Psychologen wenden seit langer Zeit diese Erkenntnis an. Sie filmen einen Menschen, während er mit anderen spricht, und führen ihm diesen Film vor. Eine Unterhaltung über seine Signale und seine Körpersprache schließt sich an. Sie hat sich als sehr wirksam erwiesen, wenn man die Augen des Patienten für die reale Welt öffnen will.

Analyse im Spiel

Wie können wir aber ohne die verfeinerten Hilfsmittel von Film und Videorecorder unsere eigenen Signale richtig deuten? Es gibt eine ganze Anzahl von Mitteln und Wegen, und vielleicht hilft ein Gesellschaftsspiel, eine Scharade beispielsweise, am ehesten weiter.

Scharaden

Ein Mitglied der Gruppe geht kurz aus dem Raum, betritt ihn dann wieder und versucht ohne Worte, den anderen Teilnehmern eine bestimmte Idee oder eine Gefühlsregung wie Glück, Ekstase, Sehnsucht oder Kummer zu übermitteln. Ohne die Hilfe der symbolischen Gesten und Abbreviaturen, die bei Scharaden üblich sind, wird das zu einem Problem der persönlichen Ausstrahlung. Der Teilnehmer, der seine Vorstellung ausstrahlen will, wird sich unversehens seiner selbst, seiner eigenen Gesten und Signale bewußt und begreift, wie er sich eigentlich hält und wie er sich bewegt.

Gruppendiskussion

Wenn die Gruppe anschließend über Gelingen oder Fehlschlag seines Versuchs diskutiert, erkennt er, wie andere auf seine Körpersprache reagieren. Hat er etwa versucht, Schüchternheit zu signalisieren, aber wurde seine Botschaft als Hochmut gedeutet? Hat er Fröhlichkeit statt Schmerz ausgestrahlt, Sicherheit statt Ungewißheit? Vielleicht hat er auch im wirklichen Leben Schwierigkeiten, die richtigen Signale auszusenden? Oder werden seine Signale mißverstanden?

Wir alle sollten uns Zeit nehmen, diese Möglichkeiten gründlich zu bedenken. Zeigen wir der Welt unser wahres Ich? Sind die Botschaften, die von unserer Umwelt empfangen werden, dieselben, die wir auszustrahlen glauben? Wenn nicht, kann das ein Teil unseres Versagens sein, uns in die Welt einzufügen.

Neuer Name und Persönlichkeit

Bei einem anderen Gesellschaftsspiel, das den Teilnehmern zum Selbstverständnis verhelfen soll, fordert man die Gruppe auf, einem der Mitglieder einen neuen Namen zu geben, der zu seiner Körperhaltung paßt. Dann bittet man den Betreffenden, sich entsprechend dem neuen Namen zu bewegen, den die Gruppe ihm gegeben hat. Oft wird er die Freiheit genießen, sich auf ganz neue Art bewegen zu können und eine neue Persönlichkeit zu akzeptieren. Die befreiende Kraft der neuen Rolle kann Hemmungen aus dem Weg räumen, er sich selbst aus einem ganz anderen Blickwinkel sehen und verstehen. Man spielt sich dabei gewissermaßen in eine neue Persönlichkeit hinein, die man der ‹alten› vorziehen würde.

Die feindlichen Geschwister

Es gibt andere Arten des ‹Hineinspielens›, die den Kern einer Situation treffen können. Einer meiner Freunde berichtete mir kürzlich, daß in seiner Familie zwischen der siebzehnjährigen Tochter und dem vierzehnjährigen Sohn schwerwiegende Probleme vorlägen. «Meine Tochter und mein Sohn sind jetzt so weit, daß sie sich nicht mehr im selben Zimmer aufhalten können, ohne zu explodieren. Alles, was er tut, ist in ihren Augen falsch, und sie hackt pausenlos auf ihm herum.»

Das wortlose Anarchie-Spiel

Auf meinen Vorschlag hin probierte er mit den beiden ein nicht-verbales Spiel aus. Er erklärte ihnen, sie dürften alles tun, was sie wollten, dürften dabei aber keine Worte gebrauchen.

Überraschende Wende

«Einige Augenblicke lang», berichtete er mir später, «kamen sie sich ganz verloren vor. Ohne Worte konnte sie nicht mit ihm schimpfen, und es schien, als wüßte sie nicht, was sie tun sollte, auf welche Weise sie sich ihm mitteilen könnte. Darauf näherte er sich dem Platz, wo sie saß, und grinste sie an; sie ergriff ihn plötzlich, zog ihn auf ihren Schoß und tätschelte und streichelte ihn – zum größten Erstaunen der übrigen Familie.»

Die Selbstentdeckung

Bei einer späteren Diskussion über die Sache stellte sich heraus, daß die ganze Familie einhellig der Ansicht war, das Mädchen versuche, seinen Bruder zu bemuttern. Sie fühlte sich ihm gegenüber tatsächlich auch als Mutter, und ihr pausenloses Geschimpfe entsprang weniger echter Kritik als besitzergreifender Mutterliebe. Ihr Verhalten in der Körpersprache, als sie ihn streichelte, machte ihr diese Tatsache bewußt und öffnete auch ihm die Augen. Danach, so berichtete mein Freund, neckten und stritten die beiden sich zwar immer noch gegenseitig, aber es war längst nicht mehr so ernst wie früher. Beide Seiten empfanden neue Zuneigung und neues Verständnis füreinander.

Der sprachliche Störeffekt

Jede zwischenmenschliche Beziehung gerät in die Gefahr, daß die sprachliche Kommunikation der Partner zu einem Mittel wird, die Beziehung zu verschleiern und zu stören. Wenn die gesprochene Sprache wegfällt und man sich nur noch durch die Körpersprache mitteilen kann, wird der Wahrheit eine Gasse gebahnt.

Die Wahrheit hinter der Sprache

In der Liebe und bei geschlechtlichen Vereinigungen kann das gesprochene Wort die Wahrheit sogar fernhalten. Eine der nützlichsten therapeutischen Übungen für ein liebendes Paar ist oft der Versuch, einander in völliger Dunkelheit eine festumrissene Botschaft zukommen zu lassen, und zwar ausschließlich durch den Gebrauch der taktilen Elemente der Körpersprache. Versuchen Sie, dem Menschen, der sie liebt und den Sie lieben, folgendes zu sagen: ‹Ich brauche dich. Ich werde dich glücklich machen.› Oder: ‹Du bist mir unangenehm. Du machst dieses oder jenes nicht richtig.› – ‹Du verlangst zuviel.› – ‹Du verlangst nicht genug.›

Wortlose Übungen zur Liebe

Ohne Worte können diese Übungen in Liebe und Sexualität außerordentlich wichtig sein und Entwicklung und Verstärkung einer Beziehung unterstützen. Die gleiche wortlose Kommunikation, bei der man allerdings nicht mehr den Tastsinn, sondern den Gesichtssinn einsetzt, kann der zweite wichtige Schritt beim Heranreifen einer Liebesbeziehung sein. Manchen fällt es viel leichter, den Körper des Partners genußvoll zu betrachten, wenn sie ihn vorher durch Berührungen erkundet haben.

7
Die stumme Sprache der Liebe

Haltung, Blick und Annäherung

Mike, der Frauentyp

Mike ist ein Frauentyp, ein Mann, dem es einfach nie an Mädchen fehlt. Mike kann in eine Party hineinplatzen und keinen einzigen Gast kennen, aber innerhalb von zehn Minuten mit einem Mädchen auf du und du stehen. In einer halben Stunde hat er sie dann von den anderen losgeeist und geht mit ihr nach Hause – entweder zu seiner Wohnung oder zu ihrer, je nachdem, welche gerade näher liegt.

Wie macht das Mike? Andere Männer, die den halben Abend über Mut gesammelt haben, um ein Mädchen anzusprechen, sehen, wie Mike hereinkommt und die Schlacht schnell und wirksam für sich entscheidet. Aber sie wissen nicht, warum.

Der sensible Jäger

Wenn man die Mädchen fragt, zucken sie die Achsel. «Ich weiß nicht. Ich glaube, er hat nur seine Antenne ausgestreckt. Ich empfange die Signale und beantworte sie, und das erste, was ich erfahre . . .»

Mike sieht noch nicht einmal besonders gut aus. Er wirkt ziemlich elegant, aber das macht nicht seine Anziehungskraft aus. Es scheint, als hätte Mike eine Art sechsten Sinn. Wenn ein Mädchen frei ist, wird er es finden, oder es wird ihn finden. Was besitzt Mike also?

Mikes Berufsgeheimnis

Da er weder gut aussieht noch durch Geist glänzt, muß er etwas haben, was für diese Art von Begegnung viel wichtiger ist. Mike besitzt die Fähigkeit, seine Körpersprache unbewußt bis zur Perfektion zu beherrschen, und er benutzt sie auch perfekt. Wenn Mike in einem Raum herumschlendert, signalisiert er ganz automatisch seine Botschaft: ‹Ich bin zu haben, ich bin sehr männlich. Ich bin aktiv und habe für alles Verständnis.› Und wenn er das erwählte Objekt dann eingekreist hat, lautet sein Signal: ‹Ich interessiere mich für Sie. Ich finde Sie anziehend. Es ist etwas Erregendes an Ihnen, und ich möchte herausfinden, was es ist.›

Beobachten Sie Mike in Aktion. Beobachten Sie, auf welche Weise er einen Kontakt knüpft und seine Verfügbarkeit signalisiert. Wir alle kennen mindestens einen Mike, und wir beneiden ihn um seine Fähigkeit. Welche Mittel der Körpersprache benutzt er?

Also: Mikes Anziehungskraft, Mikes nicht-verbale Offenheit setzt sich aus vielen Dingen zusammen. Sein Aussehen ist ein Teil davon. Nicht das Aussehen, das ihm in die Wiege gelegt wurde, denn das ist ziemlich gewöhnlich, sondern die Art, wie er dieses Aussehen umarrangiert hat, damit es eine Botschaft sendet. Wie Sie bei genauerem Hinsehen feststellen werden, besitzt er eine eindeutig sexuelle Ausstrahlung.

Analyse des Schürzenjägers

«Natürlich», wird eine Frau sagen, die sich auskennt, «Mike ist nun mal sehr sexy.» Aber woran liegt das? Ganz sicher nicht an seinem Körperbau.

Die sexuelle Ausstrahlung

Wenn man weiter insistiert, wird die erfahrene Frau erklären: «Es ist etwas an ihm, er besitzt etwas, so eine Art Aura.»

In Wirklichkeit ist es nichts dergleichen, nichts so Undefinierbares wie eine Aura. Teilweise liegt es an der Art, wie Mike sich kleidet, an den Hosen, die er bevorzugt, an seinen Hemden, Jacken und Krawatten, an der Art, wie er sein Haar kämmt, und an der Länge seiner Koteletten – all das trägt zu dem Bild bei, das man sich schon auf den ersten Blick von ihm macht, aber ausschlaggebend ist die Art, wie Mike steht und geht.

Elemente der Aura

Eine Frau beschrieb Haltung und Gang als «lockere Grazie». Ein Mann, der Mike kannte, war nicht so schmeichelhaft: «Er ist schmierig.» Was die Frau als angenehm empfand, erschien dem Mann als störend, herausfordernd und deshalb geschmacklos, und er reagierte mit einem verächtlichen Urteil.

Graziös oder schmierig?

Und doch bewegt Mike sich mit Grazie, allerdings mit einer überheblichen Art von Grazie, die sehr wohl bei einem Mann Neid und bei einer Frau Erregung hervorrufen kann. Einige Schauspieler bewegen sich genauso, zum Beispiel Paul Newman, Marlon Brando, Rip Torn, und durch ihre Bewegungen senden sie eine deutliche sexuelle Botschaft aus. Diese Botschaft läßt sich in einzelne Bestandteile zerlegen: in die Art, wie sie stehen, in ihre Haltung, in ihr Auftreten und in die Sicherheit ihrer Bewegungen. Ein Mann, der so geht, braucht wenig mehr, um einer Frau den Kopf zu verdrehen.

Sexuelle Botschaft und Bewegung

Mike besitzt aber noch etwas mehr. Er besitzt Dutzende von kleinen, vielleicht unbewußten Gesten, mit denen die

Die kleinen Gesten

einzelnen Bestandteile seiner sexuellen Botschaft ausgestrahlt werden. Wenn Mike sich auf einer Party an den Kamin lehnt, um die Frauen um sich herum zu beobachten, sind seine Hüften leicht vorgeschoben, als seien sie ein bißchen aus den Gelenken gerutscht, und die Beine sind meist gespreizt. In seiner Haltung liegt etwas, das Sex ausspricht.

Das Sex-Signal

Beobachten Sie Mike, wenn er so dasteht. Er wird seine Daumen über den Hosentaschen in den Gürtel stecken, und dabei weisen seine Finger nach unten auf die Genitalien. Dieselbe Haltung haben Sie bestimmt schon hundertmal in Wildwestfilmen gesehen, wo sie meist nicht vom Helden eingenommen wird, sondern vom Gegenspieler, der zwar böse, aber gleichzeitig sehr sexy ist und sich in dieser Haltung an eine Korralumzäunung oder an die Bar lehnt: das Bild der bedrohlichen Sexualität, der Schurke, den die Männer hassen und den die Frauen – na ja, was sie fühlen, ist viel komplizierter als Haß oder Verlangen oder Furcht, und doch handelt es sich um eine Mischung aus all diesen Dingen. Mit seiner eindeutigen und deutlichen Körpersprache, seinen ledernen Hosen, den vorgeschobenen Hüften und dem Hinweis der Finger sendet er ein unzweideutiges, offensichtliches, aber trotzdem sehr wirksames Signal aus. ‹Ich bin eine sexuelle Gefahr. Ich werde gefährlich, wenn eine Frau mit mir allein ist. Ich bin nichts als Mann, und ich will dich!›

Sexuelle Drohung

Dieselbe Botschaft sendet Mike aus – allerdings etwas weniger großartig und zurückhaltender.

Aber seine Körpersprache sagt noch mehr. Bisher signalisierte er seine Absichten, schuf eine Atmosphäre, eine Aura, wenn man so will. Bisher faszinierte er die Frauen, die zu haben waren, und erregte bei denen, die nicht zu haben waren, Interesse oder forderte sie sogar heraus.

Annäherungsriten

Mike beschreibt selbst, wie er anschließend immer vorgeht: «Ich taxiere die Frauen, die es wollen. Wie? Das geht ganz leicht durch die Art, wie sie stehen oder sitzen. Und dann treffe ich meine Wahl und blicke ihr in die Augen. Wenn sie interessiert ist, wird sie reagieren. Wenn nicht, vergesse ich sie.»

«Wie blicken Sie ihr in die Augen?»

«Ich sehe sie etwas länger an, als eigentlich erlaubt wäre, denn ich kenne sie ja noch nicht richtig. Ich erlaube ihr nicht wegzusehen, und dann kneife ich meine Augen zusammen, aber nur ganz wenig.»

Aber bei Mikes Annäherungsversuchen ist außer dem zwingenden Blick noch etwas anderes im Spiel, wie ich eines Abends auf einer Party beobachtete. Mikes untrüglicher Instinkt schätzt die defensive Körpersprache einer Frau sofort richtig ein. Er weiß auch sofort, wie er die Abwehrstellung durchbricht. Hat sie die Arme in Verteidigungsstellung verschränkt? Dann läßt er seine Arme betont lässig hängen. Ist ihre Haltung steif? Dann steht er ganz bequem da, wenn er sich mit ihr unterhält. Ist ihr Gesicht angespannt und verkrampft? Dann lächelte er und zeigt einen betont gelösten Gesichtsausdruck.

Durchbrechen der Defensivstellung

Kurz gesagt, er beantwortet ihre Körpersignale mit gegensätzlichen Komplementärsignalen und zwingt so ihre Aufmerksamkeit auf sich. Er wischt ihre körpersprachliche Verstellung weg, und weil sie selbst den unbewußten Wunsch hat, sich zu öffnen, öffnet sie sich ihm. Mike erobert eine Frau im wahrsten Sinn des Wortes. Wenn er Signalkontakte hergestellt hat, wenn seine Körpersprache die Botschaft seiner Verfügbarkeit ausgestrahlt hat, geht er zum körperlichen Angriff über, aber zu einem körperlichen Angriff ohne jede Berührung.

Die Wirkung der Komplementärsignale

Er dringt in das Revier der Frau ein und greift ihre Körperzonen an. Er kommt ihr so nahe, daß sie sich etwas unbehaglich fühlt, aber doch nicht so nahe, daß sie Grund zum Protestieren hätte. Seine Nähe, sein Eindringen in ihr Revier reichen aus, um die Beziehung zwischen ihnen zu ändern.

Der geschickte Angriff

Während die beiden sich unterhalten, wird Mikes Invasion noch intensiver. Dabei kommt es gar nicht darauf an, worüber sie sprechen. Mikes Augen sagen viel mehr als seine Stimme. Sie wandern über den Hals der Frau zu ihrer Brust, dann über ihren ganzen Körper. Sie wandern auf sinnliche Art und versprechen etwas. Mikes Zunge berührt seine Lippen, er verengt die Augen ein wenig, und die Frau wird unweigerlich unsicher und erregt. Bedenken Sie, daß es keine beliebige Frau ist, sondern die besonders empfängliche Frau, die auf Mikes Eröffnungszug reagierte. Sie ist auf seine indirekten Komplimente eingegangen und hat sich bereits zu sehr mit ihm eingelassen, um noch zu protestieren.

Der sinnliche Blick

Wogegen sollte sie schließlich auch protestieren? Gegen das, was Mike getan hat? Er hat sie nicht berührt. Er hat keinerlei auffordernde Bemerkung gemacht. Er hat gegen

Der nichtverletzte Benimm

keine einzige Benimmregel verstoßen. Wenn seine Blicke ein bißchen zu begehrlich, ein bißchen zu kühn sind, so ist das immer noch eine Frage der Interpretation. Wenn die Frau es nicht mag, braucht sie nur unhöflich zu sein und ihn stehenzulassen.

Warum aber sollte sie es nicht mögen? Mit seiner Aufmerksamkeit schmeichelt Mike ihr doch. Er sagt ihr nämlich: ‹Sie interessieren mich. Ich möchte Sie besser, näher kennenlernen. Sie sind nicht wie andere Frauen. Sie sind die einzige Frau hier, die ich interessant finde.›

Konzentration auf ein Opfer

Mike wendet seine schmeichlerische Aufmerksamkeit also dieser einen Frau zu und macht niemals den Fehler, gleichzeitig bei anderen Frauen noch ein Eisen im Feuer zu behalten. Er konzentriert seinen Blick ganz auf sie und unterhält sich nur mit ihr allein. Dadurch gewinnt seine Körpersprache noch an Überzeugungskraft. Ehe der Abend halb vorüber ist, braucht er die Schöne gar nicht weiter zu überreden, wenn er die Party mit ihr verlassen will. Jetzt genügt ein einfaches «Wollen wir gehen?».

Ist sie zu haben?

Wie macht Mike sein Opfer ausfindig? Mit welchen Mitteln der Körpersprache sagt ein Mädchen auf einer Party: ‹Ich bin zu haben. Ich bin interessiert. Ich bin frei.›? Es muß da eine ganz bestimmte Serie von Signalen geben, denn Mike irrt sich nur selten.

Unterschwellige Signale

Bei diesem Spiel sexueller Begegnungen muß ein Mädchen in unserer Gesellschaft ein zusätzliches Problem lösen. Ganz gleich, wie offen sie für Kontakte sein mag, gilt es doch als absolut unmöglich, dies jedermann merken zu lassen. Ihr Wert würde sofort gemindert, sie erschiene billig. Aber nichtsdestoweniger muß sie ihre Absichten unterschwellig mitteilen. Wie macht sie das?

Posieren für Kontakte

Das Repertoire der Dame

Körperhaltung und Gang übermitteln einen gut Teil der Botschaft. Eine Frau, die zu haben ist, hält ihre Bewegungen genau unter Kontrolle. Ein Mann kann es als ‹Posieren› bezeichnen, eine andere Frau als ‹affektiertes Benehmen›, aber die Bewegungen ihres Körpers, ihrer Hüften und Schultern sagen deutlich, daß sie zu haben ist. Vielleicht sitzt sie mit leicht gespreizten, symbolisch geöffneten und einladenden Beinen da, oder sie fährt sich bei einer wohlüberlegten Geste mit der einen Hand beinahe liebevoll über die Brust. Sie streichelt beim Reden vielleicht ihre Schenkel oder bewegt beim Gehen auffordernd die Hüften. Einige ihrer Bewegungen sind einstudiert und bewußt, einige sind vollkommen unbewußt.

Wandel der erotischen Botschaft

Vor ein paar Generationen wurde die Verfügbarkeit einer Frau von Mae Wests routiniertem ‹Kommen Sie doch mal vorbei und besuchen Sie mich› parodiert. Spätere Generationen wandten sich dem Babygesicht und der verhuschten und atemlosen Stimme der Marilyn Monroe zu – eine leicht getrübte Unschuld. Heute, in einer zynischeren Epoche, sind wir wieder bei der offenen Sexualität angelangt. Ein Typ wie Raquel Welch charakterisiert die erotische Botschaft unserer Tage am treffendsten. Aber dabei handelt es sich um die eindeutigen, offenen Botschaften des Films. In den feinen Wohnzimmern, wo Mike operiert, ist die Botschaft diskreter, oft so diskret, daß Männer, die keine Ahnung von der Körpersprache haben, sie überhaupt nicht mitbekommen. Aber auch ein Mann, der sich ein bißchen auskennt, läßt sich durchaus in die Irre führen. Eine Frau beispielsweise, die ihre Arme über der Brust verschränkt, sendet vielleicht das klassische Signal aus: ‹Ich verbarrikadiere mich vor jedem Annäherungsversuch. Ich will Ihnen nicht zuhören oder mich mit Ihnen unterhalten.›

Die verschränkten Arme

Das ist die übliche Interpretation für verschränkte Arme, und die meisten Psychologen sind mit ihr vertraut. Als kleines Beispiel stand kürzlich eine Meldung über den Erziehungspsychologen Dr. Spock in den amerikanischen Zeitungen. Dr. Spock sprach vor einer Klasse einer Polizeischule. Obwohl Dr. Spock dafür verantwortlich ist, wie die meisten von ihnen erzogen worden waren und wie sie selbst erzogen, war das Publikum dem guten Doktor ausgesprochen feindlich gesinnt. Dieser Feindseligkeit gaben sie in der Diskussion in Worten Ausdruck, außerdem aber noch weit offensichtlicher in der Körpersprache. Auf Fotos sah man, daß die Polizisten ausnahmslos mit harten und verschlossenen Gesichtern dasaßen und die Arme fest vor der Brust verschränkt hatten.

Dr. Spock vor der Polizei

Sie sagten ganz deutlich: ‹Ich sitze hier und will Sie nicht verstehen. Ich will Ihnen nicht zuhören, ganz gleich, was Sie auch erzählen. Wir können uns eben nicht verständigen.› Das ist die klassische Interpretation für verschränkte Arme.

Bedeutung der Arme

Aber daneben gibt es auch eine andere, ebenso gültige Deutung. Verschränkte Arme können auch sagen: ‹Ich bin gehemmt. Ich bekomme nicht das, was ich brauche. Ich bin zugeschlossen, eingesperrt. Lassen Sie mich heraus. Man darf sich mir nähern, und ich bin zu haben.›

Begleitsignale und Bedeutung

Ein Mann, der nur oberflächlich über Körpersprache Bescheid weiß, kann diese Geste mißverstehen, ein Mann aber, der die Körpersprache genau kennt, wird aus den Begleitsignalen die richtige Interpretation der Botschaft herauslesen. Ist ihr Gesicht wegen ihrer Hemmungen verkrampft, nicht gelöst? Sitzt sie bequem oder steif da? Wendet sie den Blick ab, wenn man ihr in die Augen sehen will?

Wenn ein Mann Körpersprache wirkungsvoll anwenden will, muß er auch die Körpersprache der Frau richtig verstehen und sämtliche Körpersignale richtig zusammenzählen.

Das Annäherungsschema

Eine besonders auf Kontakt erpichte Frau verhält sich ebenfalls nach einem vorhersagbaren Schema. Sie besitzt eine ganze Reihe wirkungsvoller Tricks der Körpersprache, die ihre Offenheit signalisieren. Wie Mike wendet sie das Mittel der Revierverletzung an, um ans Ziel zu kommen. Sie wird sich dem Mann, hinter dem sie her ist, gefährlich nahe setzen und die Unsicherheit ausnützen, die eine solche körperliche Nähe auslöst. Wenn der Mann unruhig hin und her rutscht, nervös wird und nicht weiß, wieso er sich so unbehaglich fühlt, wird sie mit weiteren Signalen eingreifen und seine Unsicherheit ausnutzen, um ihn aus dem Gleichgewicht zu bringen.

Körperliche Nähe

Das einseitige Berührverbot

Ein Mann, der hinter einer Frau her ist, darf sie nicht berühren, wenn er die Spielregeln befolgt, einer Frau dagegen, die hinter einem Mann her ist, ist es durchaus gestattet, den Mann in diesem Stadium des Spiels zu berühren. Die Berührung kann die Unsicherheit des Mannes, in dessen Revier sie eingedrungen ist, noch erhöhen.

Berühren und verunsichern

Eine Berührung am Arm kann ihm die Waffen aus der Hand schlagen. Wenn sie auf die Frage: «Haben Sie vielleicht Feuer?» die Hand mit dem Feuerzeug leicht festhält, kann sie einen momentanen physischen Kontakt herbeiführen, der den Mann unter Umständen auf wirkungsvolle Weise beunruhigt.

Der Kontakt mit dem Schenkel einer Frau, ihre Hand, die wie achtlos den Schenkel des Mannes streift – all das kann eine verheerende Wirkung haben, wenn es im richtigen Augenblick passiert.

Der aggressive Annäherungsversuch einer Frau beruht also teilweise auf Körpersprache – sie zieht ihren Rock zurecht, wenn sie nahe bei dem Mann sitzt, sie spreizt die Beine, die sie eben noch übereinandergeschlagen hielt, sie streckt ihre Brust heraus und zieht einen leichten Schmollmund. Eine aggressive Frau kann sich außerdem aber noch des Geruchs bedienen. In richtiger Dosierung das richtige Parfüm, das einen flüchtigen, aber erregenden Duft verbreitet, bildet einen wichtigen Bestandteil des aggressiven Annäherungsversuchs.

Aggressive Annäherung

Lohnt es sich, das Gesicht zu wahren?

Blick, Berührung und Geruch machen noch nicht das komplette Waffenarsenal einer Frau auf dem Kriegspfad aus. Die Stimme gehört ebenfalls zum Annäherungsversuch. Es ist nicht immer das, was sie sagt, sondern ihr Tonfall, die hinter den Worten verborgene Aufforderung, das Volumen der Stimme und ihre vertrauliche, zärtliche Klangfarbe.

Die Frau auf dem Kriegspfad

Französische Schauspielerinnen wissen das sehr gut, aber Französisch ist nun einmal eine Sprache, die für Erotik wie geschaffen ist, ganz gleich, was gesagt wird. In einer der amüsantesten Broadway-Nummern, die ich je gesehen habe, parodierten eine Schauspielerin und ein Schauspieler eine ‹Szene› aus einem französischen Film. Auf französisch rezitierten die beiden eine lange Liste von Gemüsebezeichnungen, aber Betonung, Tonfall der Stimme und Untertöne troffen vor Erotik.

Das erotische Französisch

Wie schon gesagt, ist die Stimme ein Kommunikationsinstrument, das zwei Botschaften gleichzeitig aussendet. Im Reich von Liebe und Sexualität kommt das außerordentlich häufig vor. Eine Frau kann diese Möglichkeit der Doppelbotschaft dazu benutzen, einen Mann aus der Reserve zu locken. Es ist ein Trick, den sowohl Männer als auch Frauen bei aggressiven sexuellen Eroberungen anwenden. Wenn man die Jagdbeute aus dem Gleichgewicht bringt und kräftig verunsichert, gelingt der Fangschuß relativ leicht.

Stimme als Kommunikationsmittel

Der Trick, gleichzeitig mit einer unverfänglich gesprochenen eine andere, bedeutungsschwerere und viel wirkungsvollere nicht-verbale Botschaft auszusenden, ist besonders wirksam, weil die Jagdbeute – ob Mann oder Frau – nicht protestieren kann, ohne die Spielregeln zu verletzen.

Unterschwellige Botschaften

Protestiert sie doch, kann der Angreifer sich immer noch zurückziehen und mit einigem Recht sagen: «Was habe ich denn getan? Was habe ich denn gesagt?»

Bei dem ganzen Spiel will man natürlich sein Gesicht wahren, denn auch auf der verwegensten Jagd nach Liebe und Sex will niemand sein Gesicht riskieren. Für viele Menschen, besonders wenn sie unsicher sind, ist der Gesichtsverlust eine verheerende und demütigende Erfahrung. Sexuelle Aggressoren, die auf Erfolg aus sind, achten nur deshalb darauf, daß ihre Opfer das Gesicht wahren können, weil sie dann leichteres Spiel haben. Sexuell aggressive Männer und Frauen müssen schon genügend Selbstvertrauen und Sicherheit besitzen, um auf der Jagd nach sexuellen Abenteuern auch dann erfolgreich zu bleiben, wenn sie nicht mehr darauf achten, ob sie nun das Gesicht wahren oder nicht.

Der Gesichtsverlust

Die Kehrseite der Medaille: Opfer des Spiels sind sexuell unsichere Menschen. Deshalb müssen sie als Jagdbeute bei der Jagd auf jeden Fall Demütigungen vermeiden, um ihr Gesicht zu wahren. Sie sind schon zu Beginn des Spiels benachteiligt. Der Aggressor kann sie manipulieren, er kann ihnen androhen, sie das Gesicht verlieren zu lassen.

Sexuell unsichere Opfer

Wenn der Angreifer beispielsweise in das Revier der Beute eindringt und mit erotisch verführerischer Stimme offensichtliche Banalitäten von sich gibt, was soll die Beute tun? Wenn sie die Flucht ergreift, dann riskiert sie die scheinheilige Frage: «Was hatte ich Ihrer Meinung nach denn vor?»

Das wehrlose Opfer

Die Annahme, der Aggressor sei mit sexuellen Absichten hinter ihr her, bedeutet, daß sie sich selbst mehr Wert beimißt, als sie *der eigenen Meinung nach* tatsächlich hat. Wenn der Aggressor dann plötzlich wieder von ihr abließe – das wäre eine Demütigung. Und was ist, wenn sie seine Absichten ganz falsch interpretiert hätte? Also hat der Aggressor mit seiner Taktik in den meisten Fällen Erfolg.

Selbsteinschätzung

Die gleiche Art Wechselwirkung wird von dem sexuell abnormen Aggressor außerhalb einer gesellschaftlich akzeptablen Situation ausgenutzt. Der Fahrgast in der U-Bahn, der im Gedränge versucht, eine weibliche Mitfahrerin zu streicheln oder unsittlich zu berühren, ist auf ihre Furcht und Unsicherheit angewiesen, damit sie ruhig bleibt. Hier gelten dieselben Regeln. Die Furcht vor Gesichtsverlust kann die Belästigte von lauten Protesten abhalten. Sie

Sexuelle Abnormität

erträgt die kleinere Belästigung eines fummelnden Sittenstrolchs oder eines Exhibitionisten, um nicht die allgemeine Aufmerksamkeit auf sich zu lenken.

Diese Reaktion ist so häufig, daß viele sexuelle Außenseiter, die sich exhibitionistisch befriedigen, mit der Verlegenheit und Scham ihrer Opfer rechnen. Wenn das Opfer mit Lachen oder irgendwelchen anderen Zeichen von Belustigung reagieren würde, wenn es sich ihm gar selbst in aggressiver Absicht näherte, wäre das für den Angreifer eine vernichtende Erfahrung.

Belästigung und Scham des Opfers

Wie man einen jungen Mann oder ein junges Mädchen aufgabelt

Da wir gerade bei den sexuellen Außenseitern sind: Sowohl männliche als auch weibliche Homosexuelle benützen bestimmte Signale in der Körpersprache, die intime Kontaktwünsche übermitteln. Homosexuelle auf der Suche nach Partnern können eine gleichgesinnte Seele ausfindig machen, ohne ein einziges Wort mit ihr wechseln zu müssen.

Signale der Homosexuellen

«Die Kontaktaufnahme ist relativ einfach», erkärte kürzlich ein junger Homosexueller bei einer Befragung. «Zuerst muß man seinen Mann ausfindig machen, und ich kann wirklich nicht ganz genau erklären, wie man das eigentlich tut, weil es so viele kleine Signale gibt. Vielleicht liegt es etwas an der Art, wie er geht, obwohl viele von uns wie vollkommen normale Männer gehen. Ich glaube, das wichtigste ist der Augenkontakt. Man sieht hin und weiß Bescheid. Er erwidert den Blick eben einen winzigen Augenblick zu lange, und dann läßt er seine Augen vielleicht am Körper des anderen hinuntergleiten. Der schnelle Blick zwischen die Oberschenkel und wieder weg ist ein ganz sicheres Zeichen.»

Augenkontakt

Als er über seine eigenen Signale sprach, sagte er: «Ich gehe vorbei und sehe mich dann um. Wenn Interesse vorhanden ist, wird er sich ebenfalls umdrehen. Dann gehe ich langsamer und bleibe stehen, um mir Schaufenster anzuschauen. Dann kehren wir beide um und gehen langsam aufeinander zu . . . und schon hat der Kontakt geklappt!»

Formalisierte Begegnung

Die Signale sind streng umrissen und genau formalisiert. Manchmal werden sie auch sprachlich mitgeteilt – allerdings nicht durch den eigentlichen Sinn der Worte.

Bitte als sexuelles Signal

Dr. Goffman berichtet von einem Homosexuellen, der in einer einschlägigen Bar etwas trinken wollte, aber keine Lust hatte, jemanden aufzugabeln oder sich aufgabeln zu lassen. Er griff nach einer Zigarette, mußte aber feststellen, daß er keine Streichhölzer dabei hatte. Da fiel ihm ein, wenn er einen der Gäste um Feuer gebeten hätte, wäre es als Signal ‹Ich bin interessiert. Und Sie?› verstanden worden. So kaufte er sich beim Barkeeper eine Schachtel Streichhölzer.

Die Kontaktsignale des Homosexuellen unterscheiden sich nicht allzu sehr von den Signalen des heterosexuellen Mannes, der ein Mädchen aufgabeln will. Vor langer Zeit, als ich Soldat in Boston war und Ausgang hatte, beschwatzte mich ein Kamerad, mit ihm auszugehen und ein paar ‹Bienen aufzureißen›.

Wie man Bienen fängt

Ich hatte in solchen Dingen nicht viel Erfahrung, mußte aber den großen ‹Aufreißer› mimen, weil ich meine Unerfahrenheit nicht eingestehen durfte. Also ging ich mit und beobachtete meinen Bekannten genau. In einer halben Stunde hatte er bereits fünf Mädchen ausfindig gemacht und zwei davon für uns ausgewählt. Sein Trick war Körpersprache.

Vorbereitung des Kontakts

Während er den Bürgersteig entlangging oder vielmehr entlangschlenderte, schaute er den Mädchen, die ihn interessierten, in die Augen, hielt den Blick etwas länger als notwendig auf sie gerichtet und zog eine Augenbraue hoch. Wenn das Mädchen daraufhin etwas langsamer ging, stehenblieb, um in den Spiegel ihrer Puderdose zu blicken, oder wenn sie beim Weitergehen sämtliche Schaufenster auf ihrer Straßenseite inspizierte, gehörte das zu den Antwortsignalen und bedeutete: ‹Sie sind mir aufgefallen, und vielleicht bin ich nicht abgeneigt. Lassen Sie uns die Sache weiterverfolgen.›

Die Verfolgung

Dann kehrte mein Bekannter auf der Stelle um und ging dem Mädchen einen Häuserblock weit nach. Diese Verfolgung ohne direkten Kontakt war ein notwendiger Bestandteil des Rituals. Sie erlaubte ihm, durch einige Worte an mich, eine dritte Person, in indirekten Kontakt mit ihr zu kommen. Er sagte etwas über ihr Kleid, ihren Gang und ihr Aussehen – alles in halb scherzhaften Redewendungen, die das Mädchen ihr Gesicht wahren und sie nicht beleidigt reagieren ließen.

Indirekte Sprachsignale

Das Mädchen tat zuerst immer so, als seien die Avancen

ihr unangenehm. Wenn dieses Stadium zu lange dauerte, kamen beide stillschweigend überein, daß die Avancen in der Tat unwillkommen waren. Wenn das Mädchen kicherte, ihm antwortete oder mit ihrer Freundin (wenn eine da war) Bemerkungen über ihn austauschte, war das wachsende Interesse unverkennbar.

Reaktion des Mädchens

Schließlich endete das Manöver damit, daß mein Bekannter Seite an Seite mit dem Mädchen ging und es in eine erzwungene Vertraulichkeit hineinschwatzte. Ich habe beobachtet, daß genau dieselbe Technik heute von Teenagern angewendet wird, und dabei ist jeder Schritt streng vorgeschrieben. Man muß die Spielregeln vom Anfang bis zum Ende einhalten. Die Verhandlungen können jederzeit mit Leichtigkeit von jedem Partner abgebrochen werden, ohne daß man dadurch vor dem anderen das Gesicht verliert. Das ist eine unabdingbare Voraussetzung für erfolgreiche und glatt ablaufende Aufgabelmanöver.

Spielregeln der Annäherung

Im Tierreich, bei der Eröffnungszeremonie zur Paarung, lassen sich ganz ähnliche rituelle Elemente beobachten. Schauen Sie einmal zwei Tauben im Park zu, wenn das männliche Tier um das weibliche herumstolziert, gurrt und alle Manöver der Kontaktaufnahme durchführt, während sie Gleichgültigkeit heuchelt. Hier wird eine ganz festumrissene Körpersprache benutzt. Ähnlich nähern sich auch Menschen beim Flirt einander.

Paarungsriten

In seinem Buch ‹*Studies in Self-Confrontation*› beschreibt Dr. Gerhard Nielsen vom Psychologischen Labor der Universität Kopenhagen die außerordentlich wichtige Verwendung der Körpersprache bei dem ‹Balztanz› amerikanischer Jugendlicher.

Balztanz der Jugendlichen

Dr. Nielsen untersuchte den Balzvorgang mit klinisch unterkühlter Akribie und stellte dann zwischen der «anfänglichen Kontaktherstellung eines jungen Mannes mit einem jungen Mädchen und dem Koitus» 24 Stufen fest. Diese Stufen beim Mann und die Gegenstufen beim Mädchen folgen zwingend aufeinander. Zur Illustration schildert er das Beispiel eines Jungen, der nach der Hand des Mädchens greift und dann warten muß, bis die Partnerin ihrerseits eine Stufe weitergeht, also seine Hand drückt, ehe er die nächste Stufe erklimmen kann, nämlich seine Finger mit ihren verschränken.

Das 24-Stufen-Schema der Teenager

Keine Stufe darf ausgelassen werden, bis er seinen Arm wie beiläufig um ihre Schultern legen darf. Dann kann er ihren Rücken streicheln und seine Hand dabei ihrer Brust nähern. Sie wiederum kann diesen Annäherungsversuch dadurch unterbinden, daß sie ihren Oberarm fest an die Seite drückt.

Nach dem ersten Kuß – aber nur dann – darf er versuchen, noch einmal nach ihrer Brust zu greifen. Im Grunde rechnet er jedoch nicht damit, sie richtig anfassen zu können, ehe er die Angebetete nicht ausgiebig geküßt hat. Das Protokoll verbietet ihm, die Brust direkt von vorn anzufassen. Übrigens verbietet es auch den ersten Kuß vor dem ersten Händehalten.

Schnelle und langsame Jugendliche

Nach Dr. Nielsens Beobachtung richtet sich die Beurteilung eines Jungen oder eines Mädchens als ‹schnell› oder ‹langsam› nicht nach der Zeit, die sie für jede einzelne Stufe brauchen. Überspringen oder Vertauschen von Stufen gilt als ‹schnell›, als ‹langsam› gilt, wenn man das Signal zum Übergang auf die nächste Stufe ignoriert oder dem Partner nicht gestattet, zur nächsten Stufe überzugehen.

Achten Sie auf Ihre Körperhaltung!

Der Scheinflirt

Dr. Albert E. Scheflen, Professor für Psychiatrie am Albert Einstein College of Medicine in New York hat Flirtmuster und Muster des von ihm als «Scheinflirt» bezeichneten Phänomens untersucht und beschrieben. Beim Scheinflirt benutzen Menschen erotische Annäherungsmanöver, um zu nicht-erotischen Zielen zu kommen.

Verhaltenssegmente und Übereinheit

Sexuelle Verhaltensmuster im Alltag

Nach Prof. Scheflen richtet sich das gesamte Verhalten des Menschen nach bestimmten Mustern und Systemen. Das menschliche Verhalten setzt sich außerdem aus stets gleichbleibenden kleinen Segmenten zusammen, die jeweils zu größeren Einheiten zusammengefaßt werden. Das gilt auch für das sexuelle Verhalten, und bei der Untersuchung unserer sexuellen Beziehungen entdeckte Prof. Scheflen, daß man bei geschäftlichen Besprechungen, bei gesellschaftlichen Anlässen, in der Schule und bei vielen anderen Gelegenheiten Segmente sexueller Verhaltensmuster benutzt, obwohl man kein sexuelles Ziel ins Auge gefaßt hat.

Nach seiner Ansicht verhalten sich die Amerikaner entweder auch dann sexuell, wenn sie auf nicht-sexueller Basis zusammenkommen, oder (was wahrscheinlicher ist) das sexuelle Verhalten benutzt bestimmte Signale der Körpersprache, auch wenn sie nicht mit dem Endzweck geschlechtlicher Vereinigung gekoppelt sind.

Wie sehen diese sexuellen Verhaltensmuster genau aus? Nach Prof. Scheflens Untersuchungen machen ein Mann und eine Frau, die sich auf eine erotische Begegnung vorbereiten, eine ganze Reihe von körperlichen Veränderungen durch, die sie dem Stadium der Bereitschaft näherbringen. Meist sind sie sich gar nicht dessen bewußt, was sie tun.

Typik der sexuellen Muster

Die Muskeln ihres Körpers werden leicht gespannt und ‹aktionsbereit›. Man hält sich unwillkürlich straffer und steht aufrecht, gerade und wachsam. Die Haltung wird jugendlicher, und man zieht bei gespannten Beinmuskeln den Bauch ein. Sogar die Augen scheinen stärker zu glänzen, während die Haut sich leicht rötet oder auch bleicher wird. Selbst der Körpergeruch kann sich ändern, und diese Erscheinung geht auf frühe Epochen der Menschheitsgeschichte zurück, in denen der Geruchssinn eine enorm wichtige Rolle bei sexuellen Begegnungen spielte.

Zeichen der Aktionsbereitschaft

Während diese Veränderungen ablaufen, kann der Mann oder die Frau auch anfangen, bestimmte Gesten zu benutzen, die Prof. Scheflen als «Putzverhalten» bezeichnet. Eine Frau prüft vielleicht den Sitz ihrer Frisur oder ihr Make-up, sie zupft ihr Kleid zurecht oder streift sich das Haar aus dem Gesicht, während sich ein Mann vielleicht kämmt, seine Jacke zuknöpft, den Sitz des Anzugs prüft, die Socken hochzieht, die Krawatte zurechtdrückt oder die Bügelfalten seiner Hose glättet.

Das Putzverhalten

Alle diese Signale der Körpersprache sagen: ‹Ich bin interessiert. Ich mag Sie. Achten Sie auf mich. Ich bin ein attraktiver Mann – eine attraktive Frau . . .›

Bei der nächsten Stufe solcher erotischer Begegnungen nimmt man ‹Haltung› an. Beobachten Sie auf einer Party einen Mann und eine Frau, ein Paar, das sich kennenlernt und ein wachsendes sexuelles Interesse aneinander aufsteigen fühlt. Wie sitzen sie da? Sie werden ihre Körper und ihre Köpfe so drehen, daß sie sich in die Augen sehen können. Sie werden sich zueinander neigen und versuchen, sich gegenüber anderen abzuschließen. Sie bilden mit ihren Armen einen geschlossenen Kreis oder strecken die Beine so aus, daß die Füße sich fast berühren und kein Dritter stören kann.

Haltung und sexuelles Interesse

Der intime Kreis

Wenn ein solches Paar auf einem Sofa sitzt und ein Dritter auf einem Sessel gegenüber Platz genommen hat, sind die beiden manchmal zwischen Pflicht und Neigung hin- und hergerissen. Am liebsten möchten sie ihr Revier ganz für andere sperren, andererseits fordert die gesellschaftliche Pflicht jedoch, daß sie den Dritten einbeziehen. Sie lösen das Dilemma vielleicht über einen goldenen Mittelweg. Zu diesem Zweck schlagen sie die Beine übereinander, um sich zu signalisieren, daß sie trotz allem einen geschlossenen Kreis bilden. Der Partner rechts wird das rechte Bein über das linke schlagen, der Partner links das linke Bein über das rechte. Diese Haltung trennt die beiden – von der Hüfte abwärts – von der dritten Person. Gesellschaftliches Verantwortungsgefühl gegenüber dem Dritten veranlaßt sie allerdings meist dazu, Oberkörper und Kopf so zu wenden, daß sie ihm direkt ins Gesicht sehen und sich ihm auf diese Weise öffnen.

Reviersperre und soziales Verhalten

Wenn eine Frau einen Mann bei einem geselligen Anlaß in eine intime Situation bringen will, bei der sie eine isolierte Gesprächseinheit mit ihm bilden kann, geht sie wie die sexuell aggressive Frau vor, wenn auch nicht ganz so zielstrebig. Sie benutzt bestimmte Signale der Flirtsprache, blickt ihn werbend an, versucht seinen Blick einzufangen, neigt den Kopf zur Seite, bewegt die Hüften, schlägt die Beine übereinander, um ihre Schenkel teilweise zu entblößen, legt eine Hand auf die Hüfte oder stellt ihr Handgelenk oder die Handfläche zur Schau. Das alles sind allgemein akzeptierte Signale, mit denen man ohne Worte eine Botschaft übermittelt: ‹Kommen Sie und setzen Sie sich nah zu mir. Ich finde Sie attraktiv. Ich möchte Sie gern näher kennenlernen.›

Die Gesprächseinheit

Einfangmethoden

Betrachten wir jetzt einmal eine Situation ohne sexuelle Obertöne. Im Konferenzzimmer eines großen Industrieunternehmens diskutieren ein Angestellter und eine Angestellte mit anderen Kollegen über Produktionskosten. Dabei tauschen die beiden vielleicht die oben geschilderten sexuellen Begegnungssignale aus. Sie benutzen Körpersprache, die unter anderen Umständen eine Aufforderung für sexuelle Annäherungsversuche wäre, und doch sind sie beide in Gedanken ausschließlich bei der jeweiligen beruflichen Angelegenheit. Maskieren sie ihre wahren Gefühle und fühlen sie gegenseitiges sexuelles Verlangen? Oder interpretieren wir ihre Körpersprache falsch?

Sex-Signale in der Konferenz

Uneingeweihte Beobachter haben bei einer Lehrveranstaltung den Eindruck, eine der Studentinnen benutzte Körpersprache, um dem Professor Signale zu senden, Signale, die zu einer erotischen Begegnung auffordern. Er wiederum reagiert so, als sei er einverstanden. Flirten die beiden tatsächlich, oder handelt es sich im Grunde um nicht-sexuelle Signale? Oder ist irgend etwas falsch an unserer Interpretation der Körpersprache?

Der Distanzflirt

Bei einem Seminar in Gruppentherapie benutzt ein Teilnehmer Körpersprache, um einer der anwesenden Frauen ‹Avancen› zu machen. Verstößt er gegen die Regeln und verletzt er die Anstandsregeln? Oder gehört es zur Therapie? Oder deuten wir die Signale wiederum falsch?

Nach sorgfältiger Untersuchung dieser und ähnlicher Situationen hat Prof. Scheflen herausgefunden, daß oft sexuelle Signale ausgesandt werden, wenn die dabei beteiligten Leute keinerlei sexuelle Absichten hegen. Signale, die zum Zwecke einer sexuellen Begegnung ausgestrahlt werden, weichen geringfügig von denen ab, die man zu einem nicht-sexuellen Zweck ausstrahlt. Es gibt subtile Unterschiede, die verkünden: ‹Ich interessiere mich für Sie und möchte ein Geschäft mit Ihnen abschließen, aber es handelt sich hier nicht um eine sexuelle Angelegenheit.›

Modifikation der Sex-Signale

Scheinsexuelle Begegnungen

Auf welche Weise machen wir einander klar, daß es sich um eine nicht-sexuelle Begegnung handeln soll? Wir geben dem sexuellen Signal ein ergänzendes Signal mit, wir überdecken also die offensichtliche Körpersprache mit einem anderen Ausdruck der Körpersprache. Wir haben hier ein anderes Beispiel für zwei synchrone Signale auf einer einzigen Kommunikationsebene.

Das ergänzende Signal

Eine Methode, dem Partner mitzuteilen, daß er die sexuellen Signale nicht ‹wörtlich› nehmen soll, besteht darin, zur gleichen Zeit irgendwie auf die Tatsache anzuspielen, daß man sich bei einer Geschäftsverhandlung, in einem Unterrichtsraum oder bei der Gruppentherapie befindet. Es kann so einfach sein wie eine Geste oder eine Bewegung der Augen oder des Kopfes in Richtung auf eine Respektsperson oder die anderen Teilnehmer der Veranstaltung.

Verbale Abschwächung

Wer einen anderen Trick sucht, Sex vom Geschäft zu trennen, braucht nur ein unvollständiges Signal der Körpersprache auszusenden oder einen wichtigen Bestandteil

Unterdrückung sexueller Elemente

zu unterschlagen. Zwei Leute, die bei einer geschäftlichen Besprechung nahe zusammen sitzen, knüpfen vielleicht eine sexuelle Beziehung an, indem sie sich in die Augen blicken, wenden dabei aber einen Teil ihres Körpers weg und strecken die Arme seitlich aus, um andere Personen in ihren privaten Kreis einzubeziehen. Vielleicht unterbrechen sie den Kontakt mit dem Partner durch Abwenden des Blicks oder sprechen lauter, um alle anderen Anwesenden im Raum zu beteiligen. In jedem Fall muß ein wichtiger Bestandteil der sexuellen Begegnung unterdrückt worden sein. Das fehlende Element mag der ständige Augenkontakt sein, eine leise und private Stimme, die Haltung der Arme, die eigentlich nur den Partner einbeziehen sollen, oder eine Reihe anderer Vertraulichkeiten.

Die Dementi-Technik

Man kann auch durch indirekte Dementis eine Situation als nicht-sexuell deklarieren: Man erwähnt beim Gespräch einfach die Ehefrau, den Freund oder die Verlobte. Dadurch wird die Situation entschärft und dem Partner gesagt: ‹Wir sind Freunde, aber keine Liebenden.›

Segmente und Muster im Verhalten

Diese Absagetechniken führen uns zu Prof. Scheflens Annahme zurück, das menschliche Verhalten bestehe aus spezifischen Untereinheiten (Segmenten), die sich zu kompletten Mustern zusammensetzen. Wenn einige dieser Untereinheiten weggelassen werden, sieht das fertige Muster anders aus. In unseren Beispielen verändert sich ein sexuelles Muster in ein nicht-sexuelles, in dem jedoch noch eine starke Mann-Frau-Wechselwirkung herrscht. Man erledigt eine bestimmte geschäftliche Routineangelegenheit, würzt diesen Vorgang aber mit einer starken Prise Sexualität, die man nicht ernst nimmt. Zwar rechnen die Teilnehmer keinesfalls mit sexueller Befriedigung, nutzen aber doch die Tatsache aus, daß zwischen ihnen ein sexueller Unterschied besteht.

Absicht der Sex-Signale

Der Geschäftsmann setzt sexuelle Signale der Körpersprache ein, um eine gewisse ‹zwischenmenschliche Beziehung› herzustellen. Der Intellektuelle benutzt sie als Lehrhilfe, und der Psychiater, Psychologe oder Arzt versucht mit ihrer Hilfe eine psychologisch günstige Konstellation herzustellen. Sie alle sind sich jedoch darüber klar, daß sie ihre Sexualität manipulieren und keine sexuelle Befriedigung im Sinn haben.

Die Tücke des Objekts

Niemand kann jedoch dafür bürgen, daß sich in einer dieser Situationen nicht echte Sexualität entwickelt. Es hat genug Lehrer gegeben, die auf ihre Schülerinnen sexuell reagierten, genug Geschäftsleute, die Beziehungen mit weiblichen Kollegen anknüpften, und genug Psychiater, die sich mit Patientinnen einließen. Daher haben diese Begegnungen eine gewisse pikante Note und sind manchmal sogar vielversprechend.

Schein-Sex und Kultur

Scheinsexuelle Begegnungen kommen so häufig vor, daß sie fast einen wesentlichen Bestandteil unserer Kultur ausmachen. Sie ergeben sich nicht nur außerhalb der eigenen vier Wände, sondern auch zwischen Eltern und Kindern, Gastgebern und Gästen, sogar zwischen zwei Männern oder zwei Frauen. Man sollte bei solchen sexuell–nicht-sexuellen Beziehungen immer klarstellen, daß ihr wirkliches Ziel nicht die Sexualität ist. Die Einschränkungen oder indirekten Dementis müssen von Anfang an wirksam sein. Es sollte – wenn man es richtig macht – niemals die Möglichkeit auftauchen, daß einer der Partner plötzlich erwacht und sagt: «Aber ich dachte, Sie hätten . . .» Dann müßte der andere protestieren: «Aber nein, so war es absolut nicht gemeint.»

Der therapeutische Flirt

Prof. Scheflen weist darauf hin, daß manche Psychotherapeuten dieses Flirtverhalten ganz bewußt anwenden, um eine persönliche Beziehung zu ihren Patienten aufzubauen. Die scheinsexuelle Annäherung des Therapeuten bringt eine desinteressierte Patientin vielleicht zum offeneren Reden. Der Therapeut kann um sie werben: Wenn er Krawatte, Socken oder Haar zurechtzupft, übermittelt er sexuelles Interesse. Aber er muß die Patientin natürlich gleichzeitig wissen lassen, das sein Verhalten im Grunde nicht-sexuell ist.

Mutter und ihre Aufpasser

Prof. Scheflen schildert als Beispiel eine Familie – Mutter, Tochter, Großmutter und Vater –, die einen Psychotherapeuten aufsuchte. Sobald der Therapeut sich mit der Tochter oder Großmutter unterhielt, begann die Mutter, die zwischen den beiden saß, ihm in der Körpersprache sexuelle Signale zu übermitteln. Sie wollte die Aufmerksamkeit des Therapeuten wieder auf sich lenken und benutzte dazu eine Art Flirtprozedur, auf die viele Frauen verfallen, wenn sie nicht mehr im Mittelpunkt des Interesses stehen. Sie zog einen Schmollmund, schlug die Beine übereinander und streckte sie wieder aus, legte eine Hand auf die Hüfte und beugte den Oberkörper vor.

Reaktion und Gegenreaktion

Wenn der Therapeut unbewußt auf ihre ‹Avancen› reagierte, indem er sich über das Haar fuhr, seine Krawatte zurechtzupfte oder sich ebenfalls vorbeugte, schlugen sowohl die Tochter als auch die Großmutter, die neben der Mutter saßen, ihre Beine übereinander und placierten dabei das übergeschlagene Bein so vor die Mutter, daß sie förmlich ‹abgeblockt› war. In diesem Augenblick hörte die Mutter jedesmal mit den sexuellen Signalen auf und lehnte sich wieder zurück.

Vater gibt das Zeichen

Das Interessanteste an der Pantomime war vielleicht, daß Tochter und Großmutter ihr ‹Abblockmanöver› jedesmal auf ein Zeichen des Vaters hin begannen. Wenn er mit seinem übergeschlagenen Bein auf- und abwippte, gab er damit das Signal. Weder der Therapeut noch die Familie handelten bewußt, sie ahnten nichts von ihren Signalen.

Fesselung des Interesses

Nach einer eingehenden Untersuchung des sexuell–nicht-sexuellen Verhaltens kommt Prof. Scheflen zu dem Schluß, daß dieses Verhaltensmuster meist dann zwischen zwei Menschen eintritt, wenn der eine von ihnen sich aus diesem oder jenem Grund plötzlich für etwas anderes interessiert oder sich vom anderen abwendet. In einer größeren Gruppe, einer Familie, einer Arbeitsgruppe oder einer geschäftlichen Besprechung kann natürlich das gleiche geschehen, wenn ein Mitglied oder ein Teilnehmer zu wenig beachtet oder von den anderen ausgeschlossen wird. Das ausgeschlossene Mitglied kann dann anfangen zu ‹balzen›, um wieder in die Gruppe zurückzukommen. Wenn ein Mitglied der Gruppe sich selbst ausschließt, ist es ebenfalls möglich, daß der Rest der Gruppe ‹balzt›, um den Abtrünnigen zurückzuholen.

Die Trennung von Sex und Schein-Sex

Wer diese Techniken anwendet, sollte die Signale verstehen und die einschränkenden oder begrenzenden Signale genau kennen, die echte sexuelle Annäherungsversuche von scheinsexuellen unterscheiden. Nach Prof. Scheflens Meinung werden diese beiden Arten der Annäherung leicht verwechselt. Es gibt nämlich Menschen, die regelmäßig sowohl beim Senden als auch beim Empfangen der sexuellen Signale Fehler machen und die wahre Bedeutung dieser Signale nicht verstehen. Andere machen aus psychischen Gründen keine sexuelle Begegnung bis zu Ende mit, aber trotzdem reagieren sie oft sexuell verführerisch, besonders dann, wenn es nicht angebracht ist.

8
Körperhaltungen, Stellungen und Bewegungen

Ein Hilferuf

Der Patient war siebzehn Jahre alt, sah aber jünger aus. Er war blaß und dünn und hatte einen seltsamen, unbestimmbaren Gesichtsausdruck, als hätte irgend jemand versucht, seine Gesichtszüge auszuradieren, sie aber nur verwischt. Er war achtlos und unordentlich angezogen und saß mit verschränkten Armen teilnahmslos da. Sein Blick wanderte ziellos umher. Wenn er sich bewegte, waren seine Bewegungen steif und gehemmt. Wenn er wieder still saß, sackte er vollkommen passiv in sich zusammen.

Äußere Zeichen

Der Psychiater blickte verstohlen auf die Uhr, dankbar, daß die Sitzung zu Ende war, und zwang sich zu einem Lächeln. «Das wäre dann alles. Bis morgen.»

Der Junge stand auf und zuckte die Achseln. «Wieso morgen? Kümmern Sie sich nicht darum, was morgen ist. Mich gibt es morgen nicht mehr. Für mich gibt es kein Morgen.»

Die Selbstmorddrohung

An der Tür sagte der Psychiater: «Nun hör mal zu, Don, in den letzten sechs Monaten hast du jede Woche mit Selbstmord gedroht.»

Der Junge sah ihn stumpfsinnig an und schloß die Tür, der Psychiater blieb stehen und sah unsicher vor sich hin. An diesem Tag war Don sein letzter Patient, und er hätte sich erleichtert fühlen sollen. Statt dessen stieg in ihm ein Unbehagen hoch, das immer schlimmer wurde. Er versuchte eine Zeitlang, seine Notizen auszuarbeiten, aber er konnte nicht. Etwas beunruhigte ihn, etwas an dem Jungen. War es die Art, wie er gesprochen hatte, war es die Selbstmorddrohung? Aber er hatte vorher schon viele Male gedroht, sich umzubringen. Wieso sollte die heutige Drohung anders sein?

Das unbehagliche Gefühl

Warum war er so beunruhigt? Er erinnerte sich daran, wie unbehaglich ihm schon bei der Sitzung zumute gewesen war und wie passiv der Junge sich verhalten hatte. Er rief sich dessen Gesten in die Erinnerung zurück, das eingeschränkte Repertoire von Bewegungen – wenn er sich überhaupt bewegt hatte –, die Unfähigkeit, seinen Blick auszuhalten.

Voll innerer Unruhe vergegenwärtigte sich der Psychiater die Sitzung noch einmal. Irgendwie war er ganz sicher gewesen, daß der Junge es dieses Mal mit dem Selbstmord ernst gemeint hatte. Aber hatte er irgend etwas anderes als sonst gesagt?

Der Psychiater ging zum Tonbandgerät, mit dem er jede Sitzung aufnahm, und spielte das Band mit der vergangenen Stunde ab. Nichts in den Worten des Jungen verriet auch nur die Spur von etwas anderem oder Ungewöhnlichem. Seine Stimme war vielmehr gleichbleibend leblos, passiv.

Das Unbehagen des Psychiaters wuchs. Irgendwie hatte ihn im Verlauf der Sitzung eine Botschaft erreicht. Dieser Botschaft mußte er glauben, obgleich er noch nicht einmal wußte, wie sie lautete. Schließlich rief er seine Frau an und sagte, er käme erst spät nach Hause. Dann fuhr er zu der Wohnung des Jungen.

Der Rest der Geschichte ist schnell erzählt. Der Psychiater hatte recht. Der Junge hatte einen Selbstmordversuch unternommen. Er war auf schnellstem Wege nach Hause gefahren, hatte eine Flasche mit Pillen aus dem Medizinschrank geholt und sich in sein Zimmer eingeschlossen. Glücklicherweise traf der Psychiater noch rechtzeitig ein. Die Eltern ließen sich schnell überzeugen, und der Hausarzt gab dem Jungen ein Brechmittel. Dieses Ereignis wurde zum Wendepunkt in der Therapie des Jungen. Danach ging es stetig aufwärts.

Krisis und Wende des Falls

«Aber warum», fragte die Frau des Psychiaters später, «bist du eigentlich zu ihm gefahren?»

«Ich weiß es nicht, ich weiß nur . . . verdammt, es war nichts von dem, was er gesagt hatte, aber irgend etwas rief mir zu, daß er sich dieses Mal wirklich umbringen wollte. Er signalisierte es, aber ich weiß nicht wie – vielleicht war es in seinem Gesicht oder in seinen Augen oder in seinen Händen. Vielleicht war es auch seine Haltung und die Tatsache, daß er bei einem Witz nicht lachte, bei einem sehr guten Witz, den ich ihm erzählte. Alles an ihm sagte mir, daß er es dieses Mal tatsächlich vorhatte.»

Das ausdruckslose Gesicht, die teilnahmslose Haltung, die ineinander verkrampften Hände, all das hatte genauso deutlich gesprochen wie Worte. Der Junge berichtete dem Psychiater in der Körpersprache, was er vorhatte. Worte hatten keinen Zweck mehr. Er hatte sie zu oft benutzt, um

Bericht in der Körpersprache

seine Absicht hinauszuschreien. Nun griff er auf ein ursprünglicheres, auf ein grundlegenderes Kommunikationsmittel zurück, um seine Botschaft zu übermitteln.

Was sagt Ihre Haltung?

Kinesik und Psychotherapie

In den letzten Jahren haben Psychologen und Psychiater immer klarer erkannt, wie nützlich und wichtig die Körpersprache für die Therapie ist. Viele benutzen in ihrer Praxis Elemente der Körpersprache. Sie setzen sie aber nicht bewußt ein. Viele haben keine Vorstellung von der unermeßlichen Arbeit, die Männer wie Prof. Scheflen und Prof. Ray L. Birdwhistell auf dem Gebiet der Kinesik geleistet haben.

Gegen die feste Bedeutung

Dr. Birdwhistell, Professor für anthropologische Grundlagenforschung an der Temple University, dem wir den größten Teil grundlegender Arbeit bei der Entwicklung einer Nomenklatur der Kinesik verdanken, weist warnend darauf hin, daß «keine Körperhaltung oder -bewegung an sich schon eine bestimmte Bedeutung besitzt». Anders ausgedrückt: Wir können nicht immer sagen, verschränkte Arme bedeuteten ‹Ich will Sie nicht heranlassen›, das Reiben der Nase mit einem Finger bedeute Mißfallen oder Ablehnung, das Berühren des eigenen Kopfes Zustimmung und das Schnippen mit den Fingern Überlegenheit. Das sind naive Interpretationen der Kinesik, die aus einer Wissenschaft fast ein Gesellschaftsspiel machen. Manchmal stimmen sie und manchmal nicht, aber sie stimmen nur, wenn man sie im Zusammenhang des gesamten Verhaltensmusters eines Menschen sieht.

Wort- und Körpersprache

Körpersprache und gesprochene Sprache hängen nach Meinung von Prof. Birdwhistell voneinander ab. Aus der gesprochenen Sprache allein erkennen wir nie die volle Bedeutung dessen, was eine Person sagen will. Aber auch die Körpersprache allein wird uns nie die volle Bedeutung einer Aussage vermitteln. Wenn wir bei einem Gespräch nur auf die Worte achten, erhalten wir unter Umständen einen ebenso unzutreffenden Eindruck, als würden wir lediglich auf die Körpersprache achten.

Nach Prof. Birdwhistell müssen besonders Psychiater ihre Aufmerksamkeit sowohl der Körpersprache als auch der gesprochenen Sprache schenken. In seinem Aufsatz ‹*Communication Analysis in the Residency Setting*› versuchte er einige der Methoden zu erläutern, mit deren Hilfe er jungen Ärzten in der klinischen Ausbildung das Kommunikationspotential der Körpersprache bewußt machte.

Methoden der Entzifferung

Eine interessante Nebenbemerkung: Prof. Birdwhistell hat auch den Begriff ‹moralisch zulässige Blickdauer› mitentwickelt. Seiner Meinung nach kann eine Person Augen, Gesicht, Bauch, Beine oder andere Körperteile eines anderen Menschen nur so lange betrachten, bis bei dem Beobachter und dem Beobachteten eine gewisse Spannung entsteht.

Die zulässige Blickdauer

In seinem Ratgeber für junge Ärzte weist er darauf hin, daß fast jeder bewegliche Körperteil dem Arzt eine Botschaft übermitteln kann. Als überzeugendste Fälle führt er zwei klassische Beispiele an, die die Funktion der Körpersprache deutlich machen.

Das eine Beispiel ist das heranwachsende Mädchen, das lernen muß, wie es mit den sich entwickelnden Brüsten umgehen soll. Soll es sie stolz nach vorn strecken, indem es die Schultern zurücknimmt? Oder soll es die Schultern ganz nach vorn beugen, damit die Brüste flach erscheinen und dadurch versteckt werden? Was soll das Mädchen mit seinen Armen und Schultern tun, und wie soll es sich gegenüber der Mutter verhalten, die ihr die halbe Zeit predigt, es möge aufrecht stehen und gehen und stolz auf seinen Körper sein, den Rest der Zeit aber schimpft: «Spaziere nicht so herausfordernd in der Gegend rum! Du darfst nicht so enge Pullover tragen!»

Pubertätsprobleme

Eine junge Bekannte ist besonders ungehemmt und selbstsicher. Wenn sie sich beim Anprobieren eines Bikinis im Spiegel betrachtet, erklärt sie ihrer Mutter: «Sind sie nicht phantastisch? Wenn ich einmal tot bin, darfst du mich auf keinen Fall ins Krematorium bringen! Ich werde sie in Bronze gießen lassen, damit die Nachwelt auch noch was davon hat!»

Stolz auf den Körper

Die meisten jungen Mädchen zwischen vierzehn und achtzehn sind aber nicht so stolz auf ihren Körper, und ihre Brüste werden für sie zu einem echten Problem. Schon während seiner Ausbildung sollte der Psychotherapeut darauf hingewiesen werden, daß Änderungen der Körperhaltung eines Mädchens auf Depressionen, Aufregungszustände, Flirtversuche, Ärger oder sogar auf eine Bitte um Hilfe schließen lassen können. In der Praxis wird er dann imstande sein, einen Teil der verschiedenen Probleme sei-

Die problematischen Brüste

ner jungen Patientinnen bereits an der Haltung zu erkennen und zu deuten.

Der beredte Bauch

Das andere Beispiel Prof. Birdwhistells für junge Ärzte in der klinischen Weiterbildung ist das, was er als «auffällige Dehnbarkeit und Kontraktionsfähigkeit des männlichen Bauchs und Unterleibs» bezeichnet.

Es ist bekannt, daß Männer beim Flirt ihre Unterleibsmuskulatur spannen und den Bauch einziehen. Bei depressiven Zuständen entspannen sich diese Muskeln oft übermäßig stark und lassen den Bauch hervortreten. Der Grad der Muskelspannung in diesen Körperteilen sagt viel über die emotionale und geistige Verfassung eines Mannes aus. Wir müssen bedenken, daß der Körper sich in seiner Gesamtheit zur Körpersprache so verhält, wie die Sprechwerkzeuge zur gesprochenen Sprache.

Bauch und emotionale Verfassung

Dr. Paul L. Wachtel vom Downstate Medical Center der New York State University hat sich mit dem Problem der nicht-verbalen Kommunikation bei psychisch Kranken beschäftigt. Sein Artikel ‹*An Approach to the Study of Body Language in Psychotherapy*› faßt die wichtigsten Erkenntnisse zusammen. Nach Dr. Wachtel hat jede Bewegung, jede Position des Körpers Anpassungs-, Ausdrucks- und Verteidigungsfunktionen, von denen einige bewußt und andere unbewußt sind. «Wir versuchen», schreibt Dr. Wachtel, «mit klinisch erprobten Untersuchungsmethoden genau festzustellen, zu welchem Zweck der Patient seinen Körper gebraucht.»

Körperausdruck bei psychisch Kranken

Für seine Untersuchung filmte Dr. Wachtel psychiatrische Sitzungen und sah sich die Filme anschließend wiederholt an, wobei er die Körpersprache mit der verbalen Kommunikation verglich. Aus den Filmen lernte er, zu welchem Zeitpunkt er auf bedeutungsschwere Gesten achten mußte. Rein theoretisch könnte man meinen, zu diesem Zweck genüge es, genau auf die Worte des Patienten zu achten. Aber in Wirklichkeit erfolgen die Bewegungen so schnell, daß sie dem Beobachter bei der Sitzung selbst entgehen. Einen Film kann man in Zeitlupe spielen und mehrmals ansehen, er dient als Zeitmaschine, mit deren Hilfe man jeden beliebigen Abschnitt einer psychiatrischen Sitzung zurückholen kann.

Film als Hilfsmittel

Ein Beispiel für die Nützlichkeit der Körpersprache zeigte sich, nach Dr. Wachtel, bei einer Sitzung mit einer extremen neurotischen Patientin, die nicht wußte, wie sie eigentlich zu ihrem derzeitigen Freund stand.

Beim Ansehen des Films fiel Dr. Wachtel auf, daß die Patientin immer dann bestimmte Gesten machte, wenn sie böse oder ärgerlich wurde. Sobald er den Namen ihres Freundes erwähnte, machte sie dieselben Gesten, und dadurch war er in der Lage, ihr im Bild nachzuweisen, welche Gefühle sie ihrem Freund entgegenbrachte. Das Verstehen der eigenen Gefühlsregungen ist natürlich nur der erste Schritt zur Kontrolle.

Entlarvende Körpersprache

Dr. Wachtel hält die Körpersprache für einen bewußten oder unbewußten Versuch des Patienten, sich dem Therapeuten mitzuteilen. Ein Patient, den er untersuchte, lehnte sich jedesmal, wenn der Therapeut auf ein gewisses heikles Thema zu sprechen kam, zurück und krampfte die Hände ineinander. «Vielleicht», schreibt Dr. Wachtel, «ist das ein relativ verbreitetes Zeichen für Widerstand.»

Ein Zeichen für Widerstand

Andere Örtlichkeiten, andere Körperhaltungen

Die Einsicht, daß der Mensch nicht nur ein einziges Kommunikationsmittel besitzt, bringt sowohl dem Psychiater als auch dem Normalbürger entschiedene Vorteile. Der Psychiater kann erfahren, was er von seinem Patienten zu erwarten hat, und der Normalbürger kann ziemlich genau herausfinden, was er von seinen Mitmenschen zu erwarten hat, wenn er begreift, daß diese Mitmenschen nicht nur mit der Sprache, sondern auch mit dem Körper reagieren.

Diese Kenntnis der Körpersprache ist oft ein Schlüssel für persönliche Beziehungen. Sie ist vielleicht das Geheimnis vieler Leute, die mit anderen umgehen und fertig werden. Manche Menschen scheinen die Fähigkeit zu besitzen, die Körpersprache vollkommen zu beherrschen und andere Leute sowohl mit ihrem Körper als auch mit ihrer Stimme zu manipulieren.

Körpersprache und persönliche Beziehung

Wer die Körpersprache eines anderen kennt und die Fähigkeit besitzt, die Signale der Körpersprache richtig zu deuten, lernt auch seine eigene Körpersprache beherrschen. Wenn wir anfangen, die von anderen Menschen ausgesandten Signale zu empfangen und zu deuten, beginnen wir unsere eigenen Signale bewußt zu steuern und uns besser zu kontrollieren. Dadurch können wir wiederum wirkungsvoller auftreten.

Beherrschen durch Beobachten

Es ist jedoch schwierig, all die verschiedenen Kommunikationsvorgänge tatsächlich wirksam zu kontrollieren. Innerhalb von Augenblicken werden buchstäblich Tausende von Informationssplittern zwischen menschlichen Wesen ausgetauscht. Unsere Gesellschaft programmiert uns, wie wir – unbewußt – mit diesen minimalen Informationseinheiten zurechtkommen sollen. Sobald wir sie nämlich in unser Bewußtsein heben, laufen wir Gefahr, sie falsch zu gebrauchen und einzuordnen. Wenn wir jeden Augenblick daran denken müssen, was wir eigentlich tun, fällt es uns oft schwer, wirklich etwas zu tun. Effektivität ist eben keine Sache des Bewußtheitsgrades.

Schwierigkeit der Kontrolle

Trotzdem fahren Pschiater und Psychologen fort, sämtliche Aspekte der Körperkommunikation zu erforschen. Prof. Scheflen hat besonders die Bedeutung der Körperhaltung in verschiedenen Kommunikationsbereichen untersucht. In einem Artikel der Zeitschrift *Psychiatry* weist er darauf hin, daß die Art, wie Menschen ihren Körper halten, uns sehr viel darüber sagt, was eigentlich vorgeht, wenn zwei oder mehr Menschen zusammenkommen.

Das begrenzte Repertoire

«Es gibt nicht mehr als rund dreißig allgemein verbreitete und häufig angewandte Gesten in Amerika», schreibt Prof. Scheflen und fügt hinzu, daß es noch weniger verschiedene Körperhaltungen gibt, die beim Kommunikationsvorgang eine bestimmte Bedeutung haben, und daß jede dieser Körperhaltungen nur bei einer begrenzten Zahl von Situationen zu beobachten ist. Um das zu verdeutlichen, gibt er ein einleuchtendes Beispiel: Eine Körperhaltung wie bequemes Zurücklehnen in einem Sessel wird relativ selten von Geschäftsleuten eingenommen, die wichtigen Kunden etwas verkaufen wollen.

Körpersprache und Einordnung

Jedermann in den USA kennt das Repertoire der Körperhaltungen, die Amerikaner einnehmen können, aber das heißt nicht, daß jeder Amerikaner alle diese Haltungen auch alle einmal einnimmt. Ein neunzehnjähriger College-Student aus New York wird ganz andere Haltungen einnehmen als eine Hausfrau aus dem Mittelwesten, und ein Bauarbeiter aus dem Staate Washington wird sich anders halten als ein Verkäufer aus Chicago. Nach Meinung von Prof. Scheflen könnte ein echter Experte für Körpersprache allein von der Art, wie ein Mann beim Sprechen seine Augenbrauen bewegt, ablesen, aus welchem Teil der USA der Betreffende stammt. Solch ein Experte ist bis heute allerdings noch nicht aufgetaucht.

Wir alle besitzen eine Vorstellung der regionalen Unterschiede in der Körpersprache, wenn wir einem talentierten Pantomimen zuschauen. Durch spezifische Gesten kann der Pantomime uns nicht nur mitteilen, aus welchem Teil der Welt die Figur kommt, die er darstellt, sondern auch, auf welche Weise sie ihren Lebensunterhalt verdient. Als ich auf dem College war, galten Footballspieler als Heroen, und viele sportlich völlig unbedarfte Kommilitonen ahmten den typischen Gang der Footballspieler realistisch genug nach, um das Interesse der Mädchen zu wecken.

Regionale Unterschiede

Heroen und ihr Gang

Bewegung und Botschaft

Bei seinen Untersuchungen der Körpersprache hat Prof. Birdwhistell versucht festzulegen, welche Geste genau welche Botschaft enthält. Dabei entdeckte er unter anderem, daß jeder Amerikaner seinen Kopf mehrere Male bewegt, während er sich mit einem anderen unterhält. Wenn man eine typische Unterhaltung zweier Amerikaner filmt und den Film dann in Zeitlupe abspielt, um die Haltungselemente genau zu untersuchen, wird man feststellen, daß sich der Kopf immer dann bewegt, wenn der Betreffende gerade mit einer Antwort rechnet. Die Kopfbewegung am Ende jeder Äußerung ist für den anderen Sprecher das Signal, mit der Antwort zu beginnen.

Kopfbewegungen im Dialog

Das ist eine der Techniken, mit denen wir unsere Unterhaltungen dirigieren. Sie ermöglicht einen Rückkopplungseffekt, und man braucht nicht mehr jedesmal zu sagen: «Sind Sie fertig? Jetzt werde ich sprechen.»

Steuerungssignal

Natürlich sehen die Signale in anderen Teilen der Erde anders aus. Theoretisch wäre es also möglich, durch Beobachten zweier Menschen, die sich unterhalten, einen Schlüssel zum Erkennen ihrer Nationalität zu bekommen.

Im Englischen kann eine Änderung des Tonfalls am Ende des Satzes verschiedene Dinge bedeuten. Wenn die Stimme am Satzende gehoben wird, stellt der Sprecher eine Frage. Das ist eine linguistische Markierung. Prof. Birdwhistell hat eine Reihe Markierungen in der Körpersprache entdeckt, die die linguistischen Markierungen ergänzen. Wie die Stimmung, so hebt sich auch der Kopf am Ende einer Frage.

Sprachliche Markierungen

Diese Aufwärtsbewegung am Ende einer Frage be-

Körpersprachliche Markierungen

schränkt sich nicht auf Stimme und Kopf. Auch die Hand tendiert dazu, mit der Hebung des Tonfalls in die Höhe zu gehen. Die anscheinend bedeutungslosen Handbewegungen, die wir alle beim Sprechen ausführen, sind mit dem Heben der Stimme und der Bedeutung der Wörter gekoppelt. Auch die Augenlider reagieren beim letzten Ton einer Frage – sie heben sich ebenfalls, die Augen scheinen enger zu werden.

Wenn sich die Stimme am Ende einer Frage hebt, so senkt sie sich am Ende eines Aussagesatzes im Englischen. Der Kopf macht auch das Senken der Stimme am Ende einer Feststellung mit, und nach Prof. Birdwhistell tun das auch Hände und Augenlider.

Wenn der Sprecher beabsichtigt, mit seiner Feststellung fortzufahren, wird er denselben Tonfall einhalten, sein Kopf wird gerade bleiben, seine Augen werden sich nicht verändern, und auch die Hände bleiben in ihrer ursprünglichen Stellung.

Das sind nur einige der Veränderungen an Augen, Kopf und Händen, die bei Amerikanern beobachtet wurden. Wenn überhaupt, halten Amerikaner ihren Kopf nur selten länger als einen oder zwei Sätze lang in derselben Position.

Kopfbewegung und emotionaler Gehalt

Schriftsteller sind sich dessen bewußt, und sie wissen auch, daß Kopfbewegungen nicht nur davon abhängen, was wir sagen, sondern auch vom emotionalen Gehalt unserer Worte. Um eine ‹kühle und berechnende› Person, einen Menschen, der Emotionen weder fühlt noch zeigt, zu charakterisieren, wird ein Schriftsteller ihn möglichst statisch, ohne physische Bewegungen zeigen. In den Filmen, die man

Der statische James Bond

nach Ian Flemings 007-Büchern drehte, wurde James Bond von Sean Connery mit einer betont statischen Schauspieltechnik dargestellt. Sein Gesicht bewegte sich kaum, auch dann nicht, wenn er dran glauben mußte. Da er einen Mann spielte, der keine Gefühlsregung kannte oder spürte, war das eine ausgezeichnete Technik.

Der Golem der jüdischen Überlieferung ist ein Wesen, das keinerlei Ausdruck zeigt und natürlich auch nichts

Künstliche Ausdruckslosigkeit

fühlt. Das Mannequin der Haute Couture nimmt eine starre, unnatürliche Haltung ein, um keine emotionalen Botschaften auszustrahlen. Wenn jedoch gewöhnliche Menschen miteinander sprechen, blicken sie nach rechts, nach links, dann nach oben und nach unten. Sie zwinkern mit den Augen, ziehen die Augenbrauen hoch, beißen sich auf die

Lippen und berühren ihre Nase – und jede Bewegung steht mit dem, was sie sagen, in einer ganz bestimmten Beziehung.

Spezifische Bewegung und Botschaft

Die enorme Vielfalt der individuellen Bewegungen macht es jedoch oft schwierig, eine spezifische Bewegung mit einer spezifischen Botschaft zu verbinden, aber – um Marshal McLuhan zu paraphrasieren – ‹die Bewegung ist die Botschaft› und das gilt auch hier. Prof. Scheflen hat festgestellt, daß der Psychiater während eines Gesprächs mit einem Patienten seine Kopfhaltung verändert, wenn er dem Patienten zuhört oder ihm etwas erklärt. Sobald er den Patienten unterbricht, ändert sich seine Position zum drittenmal, und wenn er die Bemerkungen oder das Verhalten des Patienten zu interpretieren versucht, ändert sie sich zum viertenmal.

Auch der Patient nimmt bestimmte Positionen ein, wenn er dem Psychiater zuhört. Bei einer von Prof. Scheflen beobachteten Sitzung neigte der Patient den Kopf nach rechts, wenn er sich kindisch benahm, und hielt ihn aufrecht, wenn er aggressiv und betont erwachsen sprach.

Individuelle Unterschiede

Beobachtung und Deutung dieser Bewegungsabläufe stecken voller Schwierigkeiten, da es sich um persönlich gefärbte Äußerungen in der Körpersprache handelt, die mit Ereignissen im früheren Leben des jeweiligen Patienten zusammenhängen. Nicht alle Patienten neigen den Kopf auf die eine Seite, wenn sie sich kindisch benehmen, und nicht alle Psychiater machen beim Zuhören die gleichen Kopfbewegungen. Es ist aber ziemlich unwahrscheinlich, daß ein bestimmter Mensch immer wieder bestimmte Bewegungen wiederholen wird. Prof. Scheflen war überrascht, daß die im Laufe einer halbstündigen Sitzung pausenlos wiederholten Kopfbewegungen so stereotyp und festgelegt waren. Er betonte die Tatsache, daß dem Arzt und dem Patienten bei dieser und bei vielen anderen von ihm untersuchten Sitzungen nur selten eine größere Skala von Bewegungen zur Verfügung standen.

Beschränkung der individuellen Skala

Demnach könnte es nicht allzu schwierig sein, die spezifischen Haltungen eines Menschen herauszufinden und sie dann mit seinen Äußerungen, seinen verschiedenen persönlichen Ansichten, Fragen, Antworten, Erklärungen usw. in Beziehung zu setzen.

Stellung und Darstellung

Bei den Bewegungen des Kopfes, der Augenlider und Hände handelt es sich nicht um echte Stellungsbewegungen, und daher hat Prof. Scheflen sie als «punktuell» bezeichnet. Eine Serie von mehreren punktuellen Bewegungen klassifiziert er als «Stellung», und eine Stellung wiederum erreicht bereits die Nähe der Körperhaltung. Wie er sagt, besteht eine Stellung aus «einer umfassenden Positionsverschiebung, an der sich mindestens die Hälfte des Körpers beteiligt». Eine Stellung kann ungefähr fünf Minuten lang eingehalten werden.

Die punktuelle Bewegung

Definition der Stellung

Bei geselligen Anlässen oder Begegnungen aller Art benutzen die meisten Menschen zwei bis vier Stellungen. Prof. Scheflen hat allerdings Psychiater beobachtet, die bei einer Behandlung bis zu zwanzig Minuten lang in einer einzigen Stellung verharrten.

Stellungsrepertoire

Um sich den Anwendungsbereich von Stellungen zu verdeutlichen, halte man sich eine Situation vor Augen, bei der ein Mann über ein bestimmtes Thema monologisiert. Sein Zuhörer lehnt sich mit übergeschlagenen Beinen und verschränkten Armen im Sessel zurück, während er sich die Gedanken des Sprechers anhört. Wenn der Zuhörer aber einen Punkt erreicht, an dem er nicht mehr mit dem Redenden einer Meinung ist, ändert er seine Stellung und bereitet sich damit vor, seine Einwände zu formulieren. Vielleicht beugt er sich nach vorn, stellt seine Beine wieder nebeneinander und verschränkt die Arme nicht mehr. Vielleicht hebt er auch eine Hand und deutet mit dem Zeigefinger auf den Sprecher, wenn er beginnt, seine Einwände vom Stapel zu lassen. Wenn er damit fertig ist, wird er wieder seine ursprüngliche Stellung einnehmen, die Beine übereinanderschlagen und die Arme verschränken – unter Umständen nimmt er auch eine dritte, aufnahmebereitere Stellung ein, verschränkt die Arme nicht mehr und schlägt die Beine nicht mehr übereinander, um damit zu signalisieren, daß er für Vorschläge empfänglich ist.

Anwendungsbereich der Stellungen

Die Gesamtheit aller Stellungen, die ein Mann oder eine Frau bei einer Unterhaltung durchläuft, bildet nach Prof. Scheflen eine «Darstellung». Eine Darstellung kann einige Stunden dauern und wird durch den Wechsel des Ortes beendet, an der sie stattgefunden hat. Man verläßt das Zimmer, man erledigt einen Telefonanruf, man holt Ziga-

Die Länge der «Darstellung»

retten, man geht zur Toilette – jede Handlung, die eine Unterhaltung abschneidet, beendet auch eine Darstellung. Wenn man zurückkommt, beginnt eine neue Darstellung.

Die Funktion der Körperhaltung bei der Kommunikation besteht nach Prof. Scheflen darin, diese Einheiten, punktuellen Bewegungen, Stellungen und Darstellungen zu betonen. Die Einheiten selbst dienen zum Akzentuieren einer Unterhaltung. Verschiedene Stellungen sind mit verschiedenen Gefühlszuständen verbunden. Oft können emotionale Zustände wiederhergestellt werden, wenn man die Stellung einnimmt, mit der sie ursprünglich gekoppelt waren. Ein Psychotherapeut, der sorgfältig vorgeht und beobachtet, wird nach gewisser Zeit erkennen, welche Stellungen seiner Patienten mit welchen emotionalen Zuständen verbunden sind. Das bestätigt die Ergebnisse von Dr. Wachtel. Die Frau, die er beobachtete, machte jedesmal, wenn sie ärgerlich oder wütend war, eine ganz bestimmte Geste.

Stellung und Gefühlszustand

Ein Normalbürger, der die Körpersprache gut versteht und anwendet, beherrscht diese Stellungen – vielleicht unbewußt – und kann sie mit den emotionalen Zuständen seiner Mitmenschen in Beziehung setzen. Dadurch kann er den Leuten, mit denen er zu tun hat, immer einen Schritt voraus sein.

Wie das Senken des Kopfes das Ende einer Feststellung oder das Heben des Kopfes das Ende einer Frage markiert, so weisen größere Veränderungen der Körperhaltung auf Schlußpunkte von Wechselbeziehungen, auf das Ende von Gedankengängen oder längeren Erklärungen. Wenn man seine Haltung so ändert, daß man der Person, mit der man sich unterhält, nicht mehr in die Augen sehen kann, will man damit oft ausdrücken, daß man die Unterhaltung für beendet ansieht. Man will seine Aufmerksamkeit eine Weile anderen Gegenständen zuwenden.

Endsignale der Kommunikation

Wir alle kennen die übertriebene Form dieser Erscheinung bei Kindern, die eine elterliche Strafpredigt zu hören bekommen und an einem bestimmten Punkt genug davon haben. Ihr ‹Ja, ja, ich weiß› wird von einem tatsächlichen, einem körperlichen Abwenden begleitet, und das signalisiert: ‹Es reicht! Ich will jetzt weg!›

Das Ende einer Strafpredigt

Vor dem Versuch, spezifische Haltungen des Körpers allzu fest mit spezifischen verbalen Äußerungen zu verknüpfen, muß allerdings gewarnt werden. Wir sollten uns vor dem Glauben hüten, eine bestimmte Haltungsänderung

Kontext und Körperhaltung

meine immer nur eine bestimmte Sache. «Die Bedeutung oder Funktion eines Ereignisses», schreibt Prof. Scheflen, «liegt nicht in ihm selbst, sondern in seiner Beziehung zum Kontext.» Eine Änderung der Körperhaltung bedeutet, daß etwas passiert. Sie sagt uns nicht immer, was passiert. Um das herauszufinden, müssen wir die Änderung in ihrer Beziehung zum Gesamtvorgang untersuchen.

Mit den Händen reden

Die Grundtypen der Körperhaltung ändern sich auch von Kultur zu Kultur. In den romanischen Ländern spielen die Arme meist eine größere Rolle für die zwischenmenschliche Kommunikation als in anderen Ländern. Jede Äußerung wird von umfassenden Handbewegungen begleitet. Die zurückhaltenderen Bewohner nördlicher Breiten bewegen ihre Hände beim Sprechen nur wenig.

Billy Grahams Zeigefinger

Als ich den Evangelisten Billy Graham im Fernsehen beobachtete, fiel mir auf, daß er über eine Reihe genau festgelegter Änderungen der Körperstellung verfügt. Zu seinen Lieblingsbewegungen gehört das Umherfuchteln mit dem Zeigefinger. Der Zeigefinger der rechten Hand begleitet seine Worte, zeigt nach oben, wenn er himmlische Belohnung verspricht, fährt in einer großen Kreisbewegung nach unten, wenn er eine Bemerkung unterstreichen will. Eine andere seiner bevorzugten Stellungsänderungen ist das abrupte Auf- und Abbewegen der beiden auf gleicher Höhe von der Brust geöffneten Hände. Die Größe seiner Zuhörerschaft und die Zahl der Bekehrungen, die er seinem Einfluß zuschreibt, läßt an der Wirksamkeit seiner Posen keinen Zweifel, obwohl man bei nüchterner Betrachtung sofort merkt, daß es sich nicht um unbewußte, sondern um sorgfältig einstudierte Stellungen handelt. Das wichtige ist, daß sie seine Worte tatsächlich in einen emotionalen Zusammenhang einbetten und daß sie tatsächlich eine ‹Aura› schaffen.

Wirksamkeit der Posen

Das Beispiel des Affen Kong

In einigen Szenen des berühmten Horrorfilms ‹*King Kong*› bewegte sich der gigantische Superaffe Kong erstaunlich lebensecht. Anscheinend verstanden der Regisseur und andere etwas von Körpersprache. Als Kong die weibliche Protagonistin Fay Wray in der Hand hielt, neigte er den Kopf in einer ergreifenden Imitation einer vollkommen menschlichen ‹punktuellen› Stellungsänderung zur Seite.

Die Erkenntnis, wie wichtig Körpersprache für das Image ist, hat Männer in hohen politischen Ämtern dazu veranlaßt, verschiedene allgemeingültige Verfahrensregeln einzustudieren, um sich dadurch jenes undefinierbare Etwas zu verschaffen, das wir ‹Charisma› nennen.

Die Gesten der Kennedys

John F. Kennedy besaß es; ganz gleich, was er sagte, ein paar Gesten, die richtige Haltung fesselten seine Zuhörer. Robert Kennedy, der alles andere als groß gewachsen war, rief wegen seiner genau kalkulierten Haltung immer den Eindruck von Körpergröße hervor. Lyndon B. Johnson nahm Unterricht in Körpersprache und versuchte ohne Erfolg, sein Image zu ändern, auch Richard M. Nixon wußte, wie außerordentlich wichtig Körpersprache ist, und er gab sich alle Mühe, sie gezielt einzusetzen, um sein Image zu verbessern.

Erfolglose Image-verbesserung

Welche Haltung Vorteile verschaffen kann

Haltung und Beziehung

Die Körperhaltung dient nicht nur dem Akzentuieren eines Gesprächs, sondern ist auch ein Mittel, um Beziehungen aufzunehmen, wenn man auf kleinem Raum zusammenkommt. Prof. Scheflen hat alle Haltungen, die Menschen einnehmen, wenn sie sich in Gesellschaft anderer befinden, in drei Hauptgruppen eingeteilt, und zwar in die 1. einschließend-ausschließende Haltung, 2. die parallele oder Vis-à-vis-Haltung und 3. die übereinstimmende oder nichtübereinstimmende Haltung.

Die einschließende Haltung

Einschließend oder *ausschließend* bezeichnet die ganz bestimmte Haltung des Körpers, der Arme und Beine von Mitgliedern einer Gruppe. Bei einer Cocktailparty kann eine Gruppe von Leuten einen kleinen Kreis bilden, der alle anderen Anwesenden ausschließt. Wenn drei Mitglieder einer Gruppe auf einem Sofa sitzen, können die beiden außen sitzenden ‹Bücherstützen› bilden, sich also einander zuwenden und den dritten in die Mitte nehmen. Andere Leute bleiben dann ebenfalls ausgeschlossen, und dementsprechend haben die beiden Außensitzenden eine einschließende Haltung eingenommen. Um den oder die Teilnehmer in der Mitte einzuschließen, können sie auch die Beine übereinanderschlagen.

Zweck des Einschließens

Im vorigen Kapitel sahen wir, wie die Großmutter und die Tochter bei einer therapeutischen Sitzung die zwischen ihnen sitzende Mutter ‹abblockten›, um sie vor den Scheinavancen des Psychiaters zu schützen. Diese Technik wird oft benutzt, wenn man jemanden von einer Gruppe fernhalten oder Mitglieder einschließen will.

Haltung als Barriere

Mitglieder einer Gruppe benutzen oft Arme und Beine unbewußt zum Schutz der Gruppe vor Eindringlingen. Wenn man Gruppen bei allen möglichen geselligen Anlässen, bei Hochzeiten, Parties, Versammlungen oder häuslichen Einladungen beobachtet, wird man eine ganze Reihe eigenartiger Methoden bemerken, mit denen die Mitglieder einer Gruppe ihre Gruppe abschirmen. In Amerika legen die Männer ihre Beine manchmal auf einen Kaffeetisch, wenn sie eine Barriere für Außenseiter errichten wollen. Manchmal wird die Methode, mit deren Hilfe Gruppenzugehörige andere Leute ausschließen, auch von der Sexualität bestimmt. Prof. Scheflen berichtet von einem Seminar, das in einem Krankenhaus stattfand. Die männlichen Angestellten stellten sich zwischen ihre weiblichen Kollegen und einen männlichen Besucher. Es war, als hätten sie die Absicht, ihren wertvollen Besitz vor Außenseitern zu schützen, richtige Sexualität war bei dieser Methode sicher nicht im Spiel. Die weiblichen Angestellten gehörten eben zu einer Gruppe, deren Schutz ganz automatisch von den männlichen Angestellten übernommen wurde.

Die Besitzschützer

Indizien für Machtverteilung

Die Machtverteilung in einer Gruppe läßt sich deutlich erkennen, wenn die betreffende Gruppe in einer Reihe sitzt, sei es auf einem Sofa, auf Stühlen an einer Wand oder bei einer Konferenz. Die wichtigsten Mitglieder der Gruppe nehmen meist die äußeren Plätze ein.

Verteidigungshaltungen

Bei unserer Schilderung der persönlichen Reviere haben wir auch die unterschiedliche Bedeutung persönlicher Körperzonen in verschiedenen Kulturen erklärt. Wenn sich Amerikaner in einer Menschenansammlung befinden, in der ihre Zonen oder ihr Revier verletzt werden, reagieren sie oft seltsam. Zwei Männer, die gezwungen sind, bei einer Party dicht nebeneinander auf einem vollbesetzten Sofa zu sitzen, drehen ihre Körper vielleicht voneinander weg und schlagen die Beine so übereinander, daß das übergeschlagene Bein vom Nebenmann fortweist. Sie können auch den Arm, der dem Nachbarn am nächsten ist, so an ihr Gesicht legen, daß eine weitere Barriere entsteht.

Wenn ein Mann und eine Frau gezwungen sind, sehr dicht nebeneinanderzusitzen und sich das Gesicht zuzuwenden, ohne daß sie besonders gut bekannt miteinander sind, können sie Arme und Beine schützend verschränken bzw. übereinanderschlagen und sich dabei etwas zurücklehnen. Diese und andere Verteidigungsmaßnahmen lassen sich gut beobachten, wenn man auf Parties versuchsweise in das Revier anderer eindringt.

Die parallele Haltung

Die zweite Kategorie der Gruppenhaltungen bezeichnet Prof. Scheflen als *parallele* oder *Vis-à-vis*-Haltung. Das bedeutet ganz einfach, daß zwei Menschen durch ihre Körperhaltung in Verbindung treten können, wenn sie sich entweder einander gegenüber oder nebeneinander – also parallel – hinsetzen und sich dabei vielleicht einer dritten Person zuwenden. Bei einer Dreiergruppe sitzen zwei fast immer fast parallel zueinander, und der dritte sitzt bzw. steht ihnen gegenüber. Bei einer Verergruppe stehen oder sitzen sich zwei parallele Paare gegenüber.

Die Vis-à-vis-Haltung

Das Vis-à-vis-Arrangement läßt sich gewöhnlich zwischen Lehrer und Schüler, zwischen Arzt und Patient oder zwischen Liebenden beobachten. Dabei werden Gefühle oder Informationen ausgetauscht. Parallele Anordnungen weisen meist auf Aktivität nur eines Partners hin.

Sinn der Haltung

Die Vis-à-vis-Anordnung läßt meist auf Aktion und Reaktion zwischen den beiden Beteiligten schließen. Die parallele Anordnung, die ohne jeden äußeren Zwang eingenommen wird, läßt darauf schließen, daß zwei Menschen eine gewisse Fähigkeit besitzen, eine neutralere Haltung zueinander einzunehmen – zumindest bei diesem Anlaß. Die Körperhaltung von zwei Leuten bei einer Party oder einem anderen geselligen Anlaß gewährt uns Einblick in ihre Beziehung. Auch bei einer parallelen Anordnung kann man Intimität erreichen, wenn man sich die obere Körperhälfte zudreht.

Die übereinstimmende Haltung

Die letzte Kategorie der Gruppenhaltungen, die *übereinstimmende* oder *nicht übereinstimmende* Haltung, kennzeichnet die Fähigkeit der betreffenden Gruppenzugehörigen, sich gegenseitig nachzuahmen. Wenn eine Gruppe in sich übereinstimmt, nehmen ihre Mitglieder fast immer die gleiche Körperhaltung ein. Die Körperhaltungen können sich allerdings auch spiegelbildlich entsprechen. Wenn ein Mitglied der Gruppe seine Haltung verändert, werden die anderen Gruppenmitglieder es ihm gleichtun. Im allgemeinen weist die übereinstimmende Haltung einer Gruppe darauf hin, daß alle Mitglieder einer Meinung sind. Wenn zwei Meinungen in der Gruppe vertreten werden, nehmen die Anhänger der verschiedenen Meinungen jeweils wieder gleiche Haltungen ein.

Der überbrückte Konflikt

Wenn alte Freunde sich streiten oder diskutieren, wird die Haltung beider übereinstimmen, um anzuzeigen, daß sie trotz des Streits immer noch Freunde sind. Eheleute, die sich gut verstehen, werden übereinstimmende Haltungen einnehmen, sobald einer der Partner von Dritten angegriffen wird. Damit sagt der andere in Körpersprache: ‹Ich unterstütze dich. Ich bin auf deiner Seite.›

Gruppe und Ranganzeichen

Wenn ein Mitglied einer Gruppe demonstrieren will, daß es den anderen überlegen ist, kann es ganz bewußt in eine nicht übereinstimmende Haltung ausweichen. Bei Beziehungen zwischen Arzt und Patient, Eltern und Kind oder Lehrer und Schüler stimmen die Haltungen nicht überein, und darin soll sich ebenfalls der unterschiedliche Rang ausdrücken. Der Mann, der bei einer geschäftlichen Besprechung ganz bewußt eine ungewöhnliche Haltung wählt, versucht seinen höheren Rang zu demonstrieren.

Der Cheflektor beim Höhenflug

Ich kenne den Cheflektor eines Verlags, der bei Konferenzen eine äußerst seltsame Haltung einnimmt. Er lehnt sich zurück und verschränkt die Hände hoch über dem Kopf, läßt dann die Arme sinken, bis die Hände hinter dem Kopf liegen und die Ellbogen wie Flügel ausgebreitet sind. Das hebt ihn sofort von den anderen ab und weist auf seinen Rang hin. Diese Haltung hebt ihn über die anderen Konferenzteilnehmer hinaus.

Imitation aus Ergebenheit

Man hat mir berichtet, daß ein unmittelbarer Untergebener dieses Herrn nach bestimmter Zeit die Haltung seines Vorgesetzten kopierte und damit in Körpersprache erklärte: ‹Ich bin auf Ihrer Seite. Ich bin Ihnen treu, ich folge Ihnen durch dick und dünn.› Vielleicht sagte er auch: ‹Ich versuche, mich im Glanz Ihrer Wichtigkeit zu sonnen.› Es ist auch möglich, daß er meinte: ‹Ich versuche, Ihr Nachfolger zu werden.›

Das Vorbild des Führenden

Immer wenn Menschen zusammenkommen, ob zu familiären oder geselligen Anlässen, wird die Körperhaltung des führenden Teilnehmers zum Vorbild für die Gruppe, und die anderen Teilnehmer folgen nacheinander seinem Beispiel. Wenn in einer Familie die Ehefrau die Haltung bestimmt, kann man annehmen, daß sie es ist, die bei Entscheidungen den Ausschlag gibt, daß sie in der Familie die Hosen anhat.

Drei Schlüssel zum Familienverhalten

Beobachten Sie einmal genau die Sitzordnung einer Familie. Wer setzt sich zuerst hin, und wo setzt er sich hin? Ein mir bekannter Psychologe, der eine Untersuchung über Sitzordnungen bei Tisch durchgeführt hat, analysierte die Haltung einer fünfköpfigen Familie nach den Beziehungen der einzelnen Familienmitglieder zueinander.

Sitzordnung in der Familie

«In dieser Familie», erklärte er, «sitzt der Vater ganz oben am Tisch, und er ist tatsächlich auch das Familienoberhaupt. Seine Frau konkurriert nicht mit ihm um die Herrschaft, sie sitzt rechts von ihm. Beide tun das, um auch bei Tisch eine gewisse Intimität zu wahren und trotzdem zugleich in unmittelbarer Nähe der Kinder zu sein.

Interessant ist nun allerdings die Position der Kinder. Das älteste Mädchen, das unbewußt mit der Mutter um die Gunst des Vaters konkurriert, sitzt links vom Vater und nimmt die Haltung der Mutter ein. Das jüngste Kind, ein Junge, interessiert sich für die Mutter, was für einen Sohn vollkommen normal ist, und sitzt deshalb rechts von ihr, also ziemlich weit weg vom Vater. Das mittlere Kind, ein Mädchen, sitzt links von seiner Schwester. Ihr Platz bei Tisch ist ambivalent – wie auch ihr Platz in der Familie.»

Platz und Gunst

Diese Sitzordnung stimmt mit der Placierung der einzelnen Familienmitglieder im Beziehungsfeld der Familie überein. Schon die Tischform hat Einfluß auf die Festlegung und den Wert von Plätzen und Sitzordnungen. An einem ovalen oder rechteckigen Tisch kann sich das Streben nach der dominierenden Rolle viel stärker als an einem runden Tisch auswirken.

Tischform und Platzwert

Haltung und Platz des Mannes und der Frau sind für das Verständnis der Familienstruktur wichtig. Wenn sie sich an den Schmalseiten eines langen, rechteckigen Tisches gegenübersitzen, kämpfen sie meist um die Vorherrschaft in der Familie, wobei der Kampf durchaus unbewußt geführt werden kann.

Plätze der Eheleute

Wenn der Tisch klein ist und sie sich gegenübersitzen, kann diese Platzverteilung natürlich die Vertrautheit der Ehepartner demonstrieren.

Wenn Mann und Frau übereck nebeneinandersitzen, haben sie die Rollenverteilung in der Ehe meist gelöst und den Kampf auf die eine oder andere Weise entschieden. Wer sitzt oben am Tisch?

Gezwungene und ungezwungene Familie

Die Sitzordnung bei Tisch kann also ein Schlüssel zur Herrschaftsstruktur in einer Familie sein. Einen anderen Schlüssel zum innerfamiliären Beziehungsfeld liefert die Beobachtung, wie gezwungen oder ungezwungen eine Familie wirkt.

Der steife Kandidat

Ein Fotograf erhielt kürzlich den Auftrag, einige Schnappschüsse von einem Kandidaten für das Bürgermeisteramt in einer großen Stadt des amerikanischen Mittelwestens zu machen. Er verbrachte einen Tag in der Familie und reiste ziemlich unzufrieden wieder ab.

«Ich habe nur ein einziges anständiges Bild schießen können», erzählte er mir. «Ich bat ihn, seinen Hund zu holen, und da war er das einzige Mal ungezwungen.»

Verräterische Umgebung

Als ich ihn nach einer Erklärung fragte, erzählte er mir: «Das Haus war eines von diesen ungemütlichen und peinlich ordentlichen Häusern, es war das ungemütlichste, was ich je betreten habe. Plastikhüllen über den Lampenschirmen, alles an seinem Platz, alles perfekt – und seine verdammte Frau war mir dauernd auf den Fersen, sammelte die Blitzlichtbirnen auf und trug mir pausenlos einen Aschenbecher für meine Zigarettenasche nach. Wie soll ich dabei ein ungezwungenes Bild machen können?»

Ich verstand ihn, denn ich habe selbst schon viele dieser Wohnungen und Häuser erlebt, die alle eine ‹gezwungene› Familie beherbergen. Alles an der Familie ist gezwungen, starr. Selbst die Haltung der Familienmitglieder ist steif und verfestigt. In diesen sauberen, ordentlichen Wohnungen ist alles an seinem Platz.

Wir können meist sicher sein, daß Familien, die in solchen Wohnungen leben, weniger spontan sind, daß es bei ihnen mehr Spannungen gibt, daß sie wahrscheinlich kaum liberale Ansichten haben, kaum neue Ideen vertreten und aller Voraussicht nach die Normen der Umwelt streng beachten.

Die bewohnte Wohnung

Die ‹ungezwungene› Familie dagegen gibt ihrer Wohnung ein bewohnteres Aussehen. Etwas Unordnung, vielleicht auch Schlampigkeit ist zu merken. Die Familienmitglieder sind nicht so starr und steif. Sie haben nicht so viele Ansprüche und sind in Gedanken und Taten freier und offener.

In der gezwungenen Familie hat jedes Mitglied wahrscheinlich seinen eigenen Stuhl und sein eigenes Revier. In der ungezwungenen Familie spielt es selten eine Rolle, wer wo sitzt. Ein Stuhl gehört dem, der sich zuerst daraufsetzt.

Körpersprache der gezwungenen Familie

Die Körpersprache der gezwungenen Familie signalisiert die Gezwungenheit durch steife Bewegungen, formalisiertes Benehmen und sorgfältig überlegte Körperhaltung. Die ungezwungene Familie signalisiert ihre Ungezwungenheit durch lockere Bewegungen, lässige Körperhaltung und zwangloses Benehmen. Ihre Körpersprache besagt: ‹Entspanne dich. So wichtig kann überhaupt nichts sein. Fühl dich wohl.›

Mutter-Kind-Beziehung

Fast greifbar spiegeln sich die beiden Einstellungen im Verhalten der Mutter zu den Kindern. Ist sie eine Frau mit inneren Spannungen, die sich an etwas klammern muß, oder ist sie gelöst und zwanglos? Ihre Haltung beeinflußt ihre Kinder und schlägt sich in deren Verhalten nieder.

Das sind natürlich Extreme. Die meisten Familien halten sich irgendwo in der Mitte, in manchen Dingen sind sie ungezwungen, in anderen dagegen gezwungen. Einige bewahren genau das Gleichgewicht, und einige tendieren zum einen oder anderen Ende der Skala.

Nachahmung in der Familie

Ein dritter und gleichermaßen wichtiger Schlüssel ist die Nachahmung in der Familie. Wer imitiert da wen? Wir erwähnten oben den Fall, daß eine Ehefrau, deren Haltung und Bewegungen von den anderen Familienmitgliedern nachvollzogen werden, wahrscheinlich das dominierende Mitglied ist. Die Achtung der Familienmitglieder voreinander läßt sich feststellen und beurteilen, wenn man untersucht, wer wessen Körpersprache kopiert. Kopiert der Sohn die Gesten des Vaters? Die Tochter die Gesten der Mutter? Wenn es so ist, kann man ziemlich sicher sein, daß das soziale Beziehungsfeld der Familie in Ordnung ist. Wenn der Sohn anfängt, die Bewegungen der Mutter zu imitieren und die Tochter die Bewegungen des Vaters nachahmt, geben Frühwarnungen in der Körpersprache: ‹Ich bin etwas vom Weg abgekommen. Man muß mir zeigen, wie ich wieder zurückfinden kann.›

Der aufmerksame Psychologe oder Psychiater wird bei der Behandlung eines Patienten versuchen, Einblick in das familiäre Beziehungsfeld zu gewinnen und – was das wichtigste ist – die genaue Stellung des Patienten in der Familie festzustellen.

Wer einen Patienten als Einzelwesen ohne Familie behandelt, zeigt kein Verständnis für den wichtigsten Lebensbereich des Patienten: seine Bindung an die Familie. Wir treten zuerst mit unserer Familie in Beziehung und erst dann mit der Welt. Wenn wir die Beziehung zur Familie nicht gründlich untersuchen, können wir auch die Beziehung zur Welt nicht verstehen.

9
Blinzeln, zwinkern, nicken

Der Blick, der Menschen zu Objekten macht

«Der Cowbow sprang lässig aufs Pferd, und seine Finger glitten über den Gewehrlauf, seine eiskalten Augen jagten dem Viehdieb Schauer über den Rücken.»

Das omnipotente Auge

Eine vertraute Situation? Sie kommt in jedem Wildwestroman vor, genau wie in jeder Liebesgeschichte die Augen der Heldin *dahinschmelzen,* sobald die Augen des Helden in den ihren *brennen.* In der Literatur, auch in der guten Literatur, können Augen *stählern blitzen, wissen, spotten, durchbohren, glühen* und noch vieles mehr.

Sackgasse Auge

Tun sie das tatsächlich? Haben sie es jemals getan? Gibt es so etwas wie einen brennenden Blick oder einen kalten Blick oder einen verletzenden Blick? Nein, so etwas gibt es in Wirklichkeit nicht. Weit davon entfernt, die ‹Fenster der Seele› zu sein, sind die Augen physiologische Sackgassen, ganz einfache Sehorgane und nichts mehr. Sicher, sie können bei verschiedenen Leuten verschiedene Farbe haben, sie allein sind aber nicht wirklich fähig, Emotionen auszudrücken.

Und doch hören und lesen wir wieder und wieder und sagen sogar selbst, daß Augen ‹weise›, ‹wissend›, ‹gut›, ‹böse›, ‹gleichgültig› sind. Wie kommt es zu dieser Konfusion? Können so viele Leute sich irren? Wenn die Augen nicht fähig sind, Gefühlsregungen zu übermitteln, wieso dann die ganze Literatur, all die Geschichten und Legenden?

Sehapparat ohne Ausdruck

Von allen Teilen des menschlichen Körpers, die zum Aussenden von Informationen benutzt werden, sind die Augen die wichtigsten. Sie können die subtilsten Nuancen übermitteln. Widerspricht dieser Satz der Annahme, daß die Augen selbst keine Emotionen ausdrücken können? Nein. Während der physiologische Apparat ‹Auge› vollkommen ausdruckslos bleibt, kann der Gebrauch der Augen, auch der Zusammenhang mit den umgebenden Teilen des Gesichts, Gefühlsregungen übermitteln. Die Dauer des Blicks, das Öffnen der Augenlider, das kurze Blinzeln und ein Dutzend weitere kleiner Veränderungen und Bewegungen von Gesicht und Augen kann jede Bedeutung ausstrahlen.

Die wichtigste Technik beim Einsatz der Augen ist jedoch der Blick, das Anstarren. Damit können wir oft Menschen ‹machen› oder vernichten.

Das Anstarren

Dieser Trick mit den Augen läßt sich in unserer Gesellschaft ganz einfach auf zwei Tatsachen reduzieren. Tatsache 1: Man starrt kein menschliches Wesen an. Tatsache 2: Man starrt nur Nichtpersonen an. Wir dürfen Bilder, Skulpturen, Landschaften anstarren. Wir gehen in den Zoo und starren die Tiere, die Löwen, die Affen, die Gorillas an. Wir starren sie so lange an, wie es uns gefällt, so aufdringlich, wie wir wollen, aber Menschen starren wir nicht an, wenn wir sie menschlich behandeln wollen.

Erlaubtes Anstarren

Den Clown im Zirkus starren wir vielleicht genauso an, aber wir betrachten ihn im Grunde nicht als menschliches Wesen. Er ist ein Objekt, das wir anstarren dürfen, weil wir Geld dafür bezahlt haben, und auf die gleiche Weise starren wir vielleicht einen Schauspieler auf der Bühne an. Der wirkliche Mensch ist zu gründlich hinter der Maske seiner Rolle verborgen, als daß unser Anstarren ihm oder uns unpassend vorkommen könnte. Das neue Theater jedoch, das seine Schauspieler mitten ins Publikum schickt, bringt uns oft in Verlegenheit. Wenn der Schauspieler von der Bühne heruntersteigt und das Publikum in die Handlung miteinbezieht, verliert er plötzlich seinen Status als Nichtperson. Wenn wir ihn jetzt anstarren, wird uns unbehaglich zumute.

Anstarren und Nichtpersonen

Wie ich bereits erwähnte, gibt es in den Südstaaten der USA Weiße, die einen Neger durch Anstarren seiner Menschlichkeit berauben und zu einem Objekt machen. Wenn wir den ausdrücklichen Wunsch haben, jemanden zu ignorieren oder ihn verächtlich zu behandeln, starren wir ihn mit einem Blick an, der ins Leere geht und nichts wahrnimmt. Mit diesem Blick schneiden die oberen Zehntausend unserer Gesellschaft jeden, der nicht zu ihrer Schicht gehört.

Der Blick der Verachtung

Hausangestellte werden oft mit diesem Blick bedacht, ebenso Kellner, Kellnerinnen und Kinder. Allerdings kann er auf einem stillschweigenden Übereinkommen beruhen und beide Seiten schützen. Er erlaubt Hausangestellten, in ihrer doppelten Welt ohne allzuviel Einmischung von unserer Seite noch einigermaßen effektiv zu

Der leere Blick auf Personen

arbeiten und zu leben, und er erlaubt uns, unangefochten und ungestört zu leben, da wir die Hausangestellten nicht als wirkliche Mitmenschen anerkennen. Dasselbe gilt für Kinder und Kellner. Die Welt würde noch unbequemer, wenn wir uns jedesmal dem Kellner, der uns bedient, vorstellen und mit ihm gesellschaftliche Floskeln austauschen müßten.

Wie lange darf man hinschauen?

Wenn wir Menschen nicht kennen, ihr Menschsein aber doch anerkennen, dürfen wir sie weder anstarren noch vollkommen ignorieren. Um sie nicht zu Objekten zu degradieren, sondern Menschen bleiben zu lassen, greifen wir zur gezielten und höflichen Unaufmerksamkeit. Wir schauen sie lange genug an, um zu demonstrieren, daß wir sie gesehen haben, und dann blicken wir sofort wieder weg. Wir sagen in Körpersprache: ‹Ich weiß, daß Sie da sind› und fügen einen Augenblick später hinzu: ‹ Es würde mir aber nicht im Traum einfallen. in Ihre Privatsphäre einzudringen.›

Der kurze erkennende Blick

Bei diesem Austausch von Signalen müssen wir beachten, daß wir demjenigen, den wir als Person anerkennen, nicht direkt in die Augen sehen. Wir schauen ihn nur vage an und wenden dann schnell den Blick ab. Ein zweiter Blick ist nicht erlaubt.

Regeln für Blicke

Für den Austausch von Blicken gibt es verschiedene Vorschriften, je nachdem, wo die Begegnung stattfindet. Wenn man auf der Straße an jemandem vorbeigeht, kann man den Betreffenden anschauen, bis man sich auf knapp drei Meter genähert hat. Dann muß man wegblicken und geht vorbei.

Begegnungssignale

Bevor man die Drei-Meter-Marke erreicht hat, wird man sich gegenseitig signalisieren, auf welcher Seite man aneinander vorbeigehen will. Das geschieht mit einem kurzen Blick in die betreffende Richtung. Dann beginnt man etwas von der ursprünglichen Richtung abzuweichen und kommt reibungslos aneinander vorbei.

Zu diesen Begegnungen im Vorübergehen bemerkt Dr. Erving Goffman in seinem Buch ‹*Behavior in Public Places*›, der schnelle Blick und das anschließende Senken der Augen sei Ausdruck der Körpersprache für: ‹Ich vertraue Ihnen. Ich habe keine Angst vor Ihnen.›

Um dieses Signal zu verstärken, blickt man dem anderen direkt ins Gesicht, bevor man wegschaut.

Manchmal lassen sich die Regeln nur schwer befolgen, besonders wenn einer der Beteiligten eine Brille mit dunklen Gläsern trägt. Man weiß nicht mehr, was er gerade tut. Blickt er einen überhaupt an? Die Person mit den dunklen Brillengläsern fühlt sich geschützt und setzt voraus, daß sie den anderen anstarren kann, ohne daß dieser das Anstarren bemerkt. Das ist aber eine Selbsttäuschung. Bei dunklen Brillengläsern hat der andere nämlich unweigerlich den Eindruck, die Augen dahinter starrten ihn unentwegt an.

Blick durch dunkle Gläser

Diese Technik des Hinsehens und Schnell-wieder-Wegsehens benutzen wir oft bei verkrüppelten oder körperbehinderten Menschen. Wir schauen sie kurz an und wenden den Blick ab, bevor man sagen kann, das Anstarren sei wirklich ein Anstarren gewesen. Diese Technik wenden wir bei jeder ungewöhnlichen Situation an, bei der ein zu langes Anstarren peinlich wäre. Wir benutzen sie, wenn wir einen Mann mit ungewöhnlichem Bart, mit superlangem Haar, mit fremdartiger Kleidung sehen oder ein Mädchen mit einem minimalen Minirock.

Der schnelle Blick

Natürlich läßt sich auch hier manchmal das Gegenteil beobachten. Wenn wir einen Menschen erniedrigen wollen, tun wir es, indem wir ihn länger anstarren, als die konventionelle Höflichkeit es noch zuläßt. Anstatt unseren Blick abzuwenden, nachdem wir ihm direkt ins Gesicht gesehen haben, starren wir ihn weiter an. Wer langes Haar, kurze Röcke, Ausländer und Demonstranten ablehnt, gibt seiner Mißbilligung durch langes Anstarren Ausdruck.

Der mißbilligende Blick

Die lästigen Augen

Das schnelle Hin-und-wieder-Wegsehen erinnert an das Problem, das wir als Jugendliche mit unseren Händen hatten. Wo sollten wir sie lassen? Auch Amateurschauspieler haben damit zu kämpfen. Plötzlich kommen ihnen ihre Hände als hinderliche Anhängsel vor, die man irgendwie anmutig und natürlich bewegen müßte.

Ganz ähnlich empfinden wir unter bestimmten Umständen unseren Blick als hinderliches Anhängsel. Wo sollen wir hinsehen? Was sollen wir mit unseren Augen machen?

Der hinderliche Blick

Zwei Fremde, die sich im Speisewagen gegenübersitzen,

haben die Möglichkeit, sich vorzustellen und die Mahlzeit mit sinnlosem und vielleicht langweiligem Gespräch zu überbrücken. Sie können sich auch ignorieren und angestrengt versuchen, dem Blick des anderen auszuweichen. Cornelia Otis Skinner beschrieb eine solche Situation in einem Essay: «Sie lesen wiederholt die Speisekarte, sie spielen mit dem Besteck herum, sie untersuchen ihre Fingernägel, als sähen sie sie zum erstenmal. Dann kommt der unvermeidliche Augenblick, in dem ihre Blicke sich treffen, aber sie treffen sich nur, um sofort wieder abzugleiten, hinaus aus dem Fenster, um die vorüberziehende Landschaft intensiv zu betrachten.»

Verlegenheitsverhalten

Das Problem des Anblickens diktiert ebenfalls unser Verhalten in Fahrstühlen, überfüllten Bussen und U-Bahnwagen. Wenn wir einen vollbesetzten Fahrstuhl oder einen überfüllten Zug betreten, werfen wir einen kurzen Blick auf die Fahrgäste und schauen dann schnell wieder weg, ohne jemandem direkt ins Gesicht gesehen zu haben. Mit unserem Blick sagen wir: ‹Ich sehe Sie. Ich kenne Sie nicht, aber Sie sind Menschen, und ich habe nicht die Absicht, Sie unhöflich anzustarren.›

Indirekte Blicke

Im Bus oder im Zug, wo lange Fahrten mit vielen Menschen auf kleinstem Raum manchmal unumgänglich sind, fällt es uns oft schwer, niemanden anzustarren. Wir blicken immer nur kurz irgendwohin oder richten unseren Blick ins Unbestimmte. Begegnen unsere Augen aber doch anderen Augen, können wir die Botschaft manchmal durch ein ganz kurzes Lächeln entschärfen. Das Lächeln darf auf keinen Fall zu lange dauern oder zu offensichtlich sein. Es muß sagen: ‹Es tut mir leid, daß wir uns angeblickt haben, aber wir wissen ja beide, daß es eine Art Unfall war.›

Nur niemanden ansehen

Der Kulissenblick

Das Problem der ‹lästigen Augen› ist so verbreitet, daß wir alle schon das eine oder andere Mal mit ihm konfrontiert wurden. Fast alle Beziehungen zwischen Menschen hängen von gegenseitigen Blicken ab. Der verstorbene spanische Philosoph José Ortega y Gasset bezeichnete den Blick in seinem Werk ‹*Mensch und Volk*› als etwas, das mit der zielstrebigen Genauigkeit einer Gewehrkugel direkt aus dem Innern eines Menschen kommt. Er glaubte, Augenhöhle, Lid, Iris und Pupille entsprächen einem «kompletten Theater mit Bühne und Akteuren».

Die Augenmuskeln, so sagte Ortega, sind wunderbar fein, und deshalb unterscheidet sich jeder Blick in winzigen Einzelheiten von allen anderen. Es gibt so viele verschiedene Blicke, daß es praktisch unmöglich ist, sie alle zu benennen, aber er zitiert «den Blick, der nur einen winzigen Augenblick dauert, und den insistierenden Blick; den Blick, der über die Oberfläche der Sache huscht, die man anblickt, und den Blick, der sie umklammert wie ein Haken; den direkten Blick und den verstohlenen Blick, dessen Extremform einen eigenen Namen hat: ‹aus den Augenwinkeln heraus ansehen›.»

Poetik der Blicke

Er führte ebenfalls den «Seitenblick» an, der sich – obgleich er auch aus den Augenwinkeln kommt – von allen anderen verstohlenen Blicken unterscheidet.

Der Seitenblick

Nach Ortega verrät uns jeder Blick, was in dem Menschen vorgeht, der ihn wirft. Die Absicht, mit einem Blick zu kommunizieren, ist um so deutlicher und unverhüllter, je weniger der Sender erkennt, welche Art von Blick er aussendet.

Auch Ortega warnt vor der Annahme, ein Blick könne für sich allein genommen die ganze Wahrheit erzählen, obwohl er durchaus eine bestimmte Bedeutung hat. Auch ein Wort im Satz hat eine Bedeutung, aber die vollständige Bedeutung dieses Wortes erfahren wir erst aus dem Zusammenhang des Satzes heraus. So auch beim Blick. Nur im Gesamtzusammenhang der Situation wird ein Blick wirklich bedeutungsvoll.

Blick und Situation

Es gibt auch Blicke, die sehen wollen, ohne dabei ertappt zu werden. Der spanische Philosoph bezeichnete sie als «Seitenblicke». In jeder Situation können wir jemanden beobachten und so lange zu ihm hinblicken, wie wir wollen, vorausgesetzt, die betreffende Person weiß nicht, daß wir sie anblicken, vorausgesetzt, unser Blick ist verstohlen. In dem Moment, in dem ihre Augen sich bewegen, um unseren Augen zu begegnen, muß unser Blick weggleiten. Je geübter man ist, desto leichter kann man solche verstohlenen Seitenblicke werfen.

Verstohlene Blicke der Neugier

Ortega schilderte einen bestimmten Blick als den «wirksamsten, vielsagendsten, den köstlichsten und bezauberndsten» aller Blicke. Dieser Blick ist auch der komplizierteste Blick, weil er nicht nur flüchtig, sondern gleichzeitig so

Der «Kulissenblick»

intensiv ist. Es handelt sich um den Blick mit halbgeschlossenen Lidern, den müden oder berechnenden oder abschätzenden Blick, den Blick, mit dem ein Maler seine Leinwand ansieht, wenn er sich ein paar Schritte von ihr entfernt hat, um den Blick, den die Franzosen ‹Kulissenblick› *(les yeux en coulisses)* nennen.

Bei diesem Blick sind, wie Ortega schrieb, die Lider fast zu Dreiviertel geschlossen, und er scheint sich selbst zu verbergen, aber in Wirklichkeit komprimieren die Lider den Blick und «schießen ihn ab wie einen Pfeil».

«Es ist der Blick aus Augen, die zu schlafen scheinen wie er, die aber hinter den Wolken süßer Müdigkeit hellwach sind. Wer einen solchen Blick hat, besitzt einen Schatz.»

Die wenigen Auserwählten

Ortega sagte, in Paris werfe sich jedermann einem Menschen zu Füßen, der diesen Blick besitze. Madame Dubarry, die ‹Maîtresse en titre› des alternden Ludwig XV., soll ihn gehabt haben und ebenso Lucien Guitry, der gefeierte Schauspieler. In Hollywood gehörte Robert Mitchum sicherlich zu denen, die ihn besaßen, und dieser Blick machte ihn jahrelang zum männlichen Sexsymbol. Mae West kopierte ihn, und die französische Schauspielerin Simone Signoret beherrschte diesen Blick so perfekt, daß sie immer noch außerordentlich sexy und attraktiv wirkt, obwohl sie bereits die Schwelle zum mittleren Alter überschritten hat.

Andere Länder, andere Blicke

Mythologie des Blicks

Schon immer maß man dem Blick besondere Gefühlskraft zu. In Mythen, Legenden und Märchen waren unter bestimmten Umständen Blicke verboten. Loths Frau wurde in eine Salzsäule verwandelt, weil sie sich umgeschaut hatte, und Orpheus verlor Eurydike, weil er sich nach ihr umdrehte. Als Adam vom Baum der Erkenntnis aß, fürchtete er sich davor, Gott anzusehen.

Der ehrliche Blick

Blicke bedeuten überall etwas. Aber meistens wissen wir gar nicht genau, wie wir blicken oder wie wir angeblickt werden. In unserem Kulturkreis ist es ein Zeichen der Aufrichtigkeit und Ehrlichkeit, wenn wir unserem Gegenüber direkt in die Augen sehen. Andere Länder haben andere Vorschriften, wie der Leiter einer New Yorker High-School kürzlich feststellen mußte.

Eine Schülerin der High-School, ein fünfzehnjähriges Mädchen aus Puerto Rico, war mit einer Gruppe von Klassenkameradinnen im Waschraum erwischt worden. Man verdächtigte die Mädchen, sie hätten geraucht. Die meisten waren als Unruhestifterinnen bekannt, und obgleich Livia, das junge Mädchen, um das es hier geht, kein diesbezügliches Sündenregister hatte, war der Schulleiter nach einer kurzen Unterredung mit ihr von ihrer Schuld überzeugt und entschlossen, sie von der weiteren Teilnahme am Unterricht auszuschließen.

Kulturelle Unterschiede: Livia

«Es war nicht das, was sie sagte», berichtete er später. «Es war ganz einfach ihre Haltung. Es war etwas Verschlagenes und Verdächtiges an ihr. Sie wollte mir absolut nicht in die Augen sehen. Sie blickte mich nicht richtig an.»

Das stimmte. Während der Unterredung mit dem Schulleiter hatte Livia auf den Fußboden gestarrt und sich geweigert, ihm in die Augen zu sehen, und diese Haltung wurde als eindeutiger Schuldbeweis gewertet.

Der scheinbare Schuldbeweis

«Aber sie ist ein ordentliches Mädchen», insistierte Livias Mutter. Nicht für die Schule, denn nach Ansicht des Schulleiters war Livia zu sehr ‹Unruhestifterin›, als daß man ihrer Mutter erlaubt hätte, sich mit ihrem Protest an die Verantwortlichen zu wenden. So wandte sich die Mutter an Nachbarn und Bekannte. Am nächsten Morgen fand in der Schule eine Demonstration puertorikanischer Eltern statt, und man hatte Grund, den Ausbruch offener Feindseligkeiten zu befürchten.

Glücklicherweise unterrichtete John Flores an dieser Schule spanische Literatur, und John Flores wohnte im selben Haus wie Livia und ihre Familie. John nahm seinen Mut zusammen und bat um eine Unterredung mit dem Schulleiter.

«Ich kenne Livia und ihre Eltern», erklärte er ihm. «Sie ist ein ordentliches Mädchen. Ich bin sicher, daß hier irgendwo ein Mißverständnis vorliegt.»

«Wenn ein Mißverständnis vorliegt», erwiderte der Schulleiter unruhig, «werde ich glücklich sein, es aus der Welt zu schaffen. Draußen fordern dreißig wütende Mütter meinen Kopf. Aber ich habe das Mädchen selbst gefragt, und wenn jemals einem Mädchen die Schuld im Gesicht geschrieben stand, dann ihr – sie wollte mir noch nicht einmal in die Augen sehen!»

John Flores stieß einen Seufzer der Erleichterung aus,

Der Blickkodex in Puerto Rico

und erklärte dann dem Schulleiter: «In Puerto Rico darf ein ordentliches, anständiges Mädchen niemals einem Erwachsenen in die Augen sehn. Das ist ein Beweis für Respekt und Gehorsam. Ihnen in die Augen zu sehen, fiele Livia ebenso schwer wie schlechtes Benehmen. Das fiele ihr ebenso schwer, wie es ihrer Mutter schwerfallen würde, sich mit ihrer Beschwerde an Sie zu wenden. In Puerto Rico gilt so etwas für eine ehrbare Familie als schlechtes Benehmen.»

Livias Schüchternheit

Glücklicherweise wußte der Schulleiter, wie man einen Fehler zugibt und wiedergutmacht. Er bat Livia, ihre Eltern und die lautstärksten Nachbarn herein und besprach das Problem noch einmal. Nach der Erklärung von John Flores begriff er schnell, daß Livia seinen Augen nicht aus Trotz, sondern aus mädchenhafter Scheu aus dem Weg ging. Ihre ‹Verschlagenheit›, so sah er nun ein, war in Wirklichkeit Schüchternheit. Im Verlauf der Besprechung wurden die Eltern lockerer und entspannter, und er erkannte, daß Livia wirklich ein nettes und liebes Mädchen war.

Aus dem Vorfall ergab sich eine tiefere und verständnisvollere Beziehung zwischen der Schule und den Bewohnern des betreffenden Bezirks. Für uns ist die seltsame Verwechslung interessant, die dem Schulleiter unterlief. Wie konnte er sämtliche Verhaltenssignale von Livia so gründlich mißverstehen?

Livia hatte ihm in der Körpersprache gesagt: ‹Ich bin ein ordentliches Mädchen. Ich respektiere Sie und die Schule. Ich respektiere Sie viel zu sehr, als daß ich Ihre Fragen beantworten könnte und Ihnen schamlos in die Augen sehen könnte. Ich respektiere Sie viel zu sehr, als daß ich mich verteidigen könnte. Aber das sagt Ihnen sicher alles meine Haltung.›

Wie konnte eine so eindeutige Botschaft als Verschlagenheit mißdeutet werden? Die Antwort ist natürlich in den kulturellen Unterschieden zu suchen. Andere Länder, andere Sitten und damit auch andere Körpersprache. Andere Länder und Kulturräume kennen auch andere Blicke und geben den Blicken, die wir kennen, eine andere Bedeutung.

USA: Kein Blick ohne Einladung

In Amerika darf ein Mann beispielsweise eine Frau nicht länger ansehen, es sei denn, sie hätte ihm mit einem Signal in der Körpersprache – mit einem Lächeln, einem kurzen Antwortblick, einem direkten Blick in die Augen – Erlaubnis dazu gegeben. In anderen Ländern gelten andere Regeln.

Wenn eine Amerikanerin einen Mann zu lange ansieht, fordert sie damit einen verbalen Annäherungsversuch heraus. Ihr Signal: ‹Ich bin interessiert. Sie dürfen sich mir nähern.› In romanischen Ländern kann ein solcher Blick als direkte Aufforderung zu körperlichen Intimitäten aufgefaßt werden, obgleich dort an sich viel ungezwungenere Körperbewegungen erlaubt sind. Es ist also ganz klar, weshalb ein Mädchen wie Livia dem Schulleiter nicht in die Augen sehen wollte.

Der auffordernde Blick

In den USA wiederum dürfen zwei Männer sich nur eine ganz bestimmte kurze Zeit anblicken, wenn sie nicht beabsichtigen, sich zu streiten oder intim zu werden. Jeder Mann, der einen anderen Mann zu lange ansieht, macht den Betreffenden verlegen und zornig. Der Betreffende fragt sich unwillkürlich, was man von ihm will.

Blicke unter Männern

Das ist ein weiteres Beispiel für die Strenge der Blickvorschriften. Wenn uns jemand anstarrt und wir seinem Blick begegnen, ist es seine Pflicht, als erster den Blick abzuwenden. Sollte er den Blick nicht abwenden, wenn wir seinen Augen begegnen, wird uns unbehaglich zumute, und wir haben die Empfindung, irgend etwas sei nicht in Ordnung. Wieder werden wir verlegen und zornig.

Reaktion auf das Anstarren

Ein langer Blick auf uns selbst

Bei seinem Versuch, die Funktion einiger dieser Regeln der visuellen Kommunikation zu klären, analysierte Dr. Gerhard Neilson die Blicke der Teilnehmer seiner Konfrontationsuntersuchungen. Um zu entdecken, wie lange und wann die Interviewten den Interviewer ansahen, filmte er die Befragungen und spielte sie anschließend wiederholt in Zeitlupe ab.

Zunächst hatte er keine klare Vorstellung davon, wie lange ein Mann einen anderen beim Interview ansehen würde. Aber als er dann herausfand, wie wenig man sich ansah, war er doch überrascht. Der Mann, der seinen Interviewer am längsten ansah, blickte während 27 Prozent der Zeit immer noch weg. Der Mann, der den Interviewer am wenigsten ansah, schaute während 92 Prozent der Zeit in eine andere Richtung. Die Hälfte der Interviewten blickte während der halben Zeit des Interviews am Interviewer vorbei.

Wie lange sieht man hin?

Wer spricht, sieht weniger

Dr. Neilson stellte fest, daß Leute, die viel sprachen, ihren Partner kaum ansahen. Leute, die viel zuhörten, blickten ihn auch lange an. Er berichtete, daß er durchaus damit gerechnet hatte, Leute, die mehr zuhörten, würden auch mehr hinsehen, aber die Tatsache, daß man weniger hinsah, wenn man mehr sprach, setzte ihn in Erstaunen.

Die Zeiteinteilung

Er fand heraus, daß die Leute zunächst vom Partner wegblicken, wenn sie zu sprechen anfangen. Anscheinend gibt es eine ganz bestimmte Zeiteinteilung für das Sprechen, Zuhören, Hinblicken und Wegsehen. Die meisten Menschen blicken unmittelbar vor oder nach Beginn von 25 Prozent der Gelegenheiten, bei denen sie das Wort ergreifen, vom Gesprächspartner weg. Einige wenige Menschen sehen zu Beginn von 50 Prozent der Gelegenheiten, bei denen sie das Wort ergreifen, vom Partner fort. Wenn sie zu sprechen aufhören, blicken 50 Prozent der Leute wieder auf den Gesprächspartner.

Der Grund, weshalb so viele Menschen es bei einer Unterhaltung vermeiden, den Partner anzusehen, liegt nach Dr. Neilson in dem Versuch, möglichen Ablenkungen aus dem Weg zu gehen.

Wie lange dauert ein flüchtiger Blick?

Im Laufe eines anderen Forschungsvorhabens, das Dr. Ralph V. Exline von der University of Delaware durchführte, beobachtete man vierzig Studenten und vierzig Studentinnen. Ein Mann interviewte zwanzig Studenten und zwanzig Studentinnen, und eine Frau interviewte die andere Hälfte der männlichen und weiblichen Testpersonen. Die Hälfte der jeweiligen Studenten und Studentinnen wurden von beiden Interviewern über intime Themen, über ihre Pläne, Wünsche, Bedürfnisse und Befürchtungen befragt. Die andere Hälfte wurde über Freizeitinteressen, Lektüre, Filme und Sport befragt.

Blick und Gesprächsthema

Dr. Exline fand folgendes heraus: Wenn die Studenten über persönliche Dinge interviewt wurden, blickten sie den Interviewer seltener an als bei den Fragen über Freizeitinteressen. Bei beiden Arten von Interview blickten die weiblichen Testpersonen ihren Interviewer jedoch häufiger an als die männlichen.

Diese Untersuchung und andere ähnlicher Natur scheinen darauf hinzuweisen, daß ein Mensch, der seinen Interviewer beim Sprechen nicht anschaut, sich selbst erklärt und dabei nicht unterbrochen werden möchte.

Wenn er dem Partner in diesem Stadium in die Augen sehen würde, wäre das ein Signal, sich bei der nächsten entstehenden Pause unterbrechen zu lassen. Wenn er eine Pause macht und den Partner der Unterhaltung dabei nicht ansieht, will er damit sagen, daß er seinen Gedankengang noch nicht beendet hat. Er signalisiert: ‹Das ist noch nicht alles, was ich sagen will. Ich überlege nur kurz.›

Gedankengang und Blick

Wenn man an einem Menschen vorbeiblickt, dem man gerade zuhört, bedeutet das: ‹Ich bin mit dem, was Sie sagen, nicht ganz einverstanden. Ich habe einige Einwände.›

Blick und Antwort

Wenn man wegsieht, während man selbst spricht, so kann das heißen: ‹Ich bin mir dessen, was ich sage, nicht ganz sicher.›

Wenn man dem Redenden zuhört und ihn dabei anblickt, signalisiert man damit: ‹Ich bin Ihrer Meinung›, oder: ‹Ich interessiere mich für das, was Sie sagen.›

Wenn man den Zuhörer ansieht, während man selbst spricht, kann man damit signalisieren: ‹Ich bin mir dessen, was ich sage, vollkommen sicher.›

Wenn man vom Partner wegsieht, will man damit vielleicht auch etwas verbergen. Wenn man wegschaut, während er spricht, signalisiert man: ‹Ich möchte nicht, daß Sie meine Gefühle erraten.› Das gilt besonders, wenn der Partner Kritik übt oder sogar beleidigend wird. Man gleicht dann gewissermaßen dem Strauß, der den Kopf in den Sand steckt. ‹Wenn ich Sie nicht sehen kann, können Sie mich nicht verletzen.› Aus diesem Grund weigern Kinder sich auch häufig, uns anzusehen, wenn wir mit ihnen schimpfen.

Wegblicken, um zu verbergen

Die Deutungen sind allerdings viel komplizierter, als man auf den ersten Blick annehmen mag . . . Wenn man bei einer Unterhaltung wegschaut, will man vielleicht etwas verbergen. Wenn jemand anders wegschaut, nehmen wir dementsprechend automatisch an, auch er verberge etwas. Und deshalb blicken wir beim Reden unsere Partner absichtlich an, um sie zu täuschen, und gehen ihrem Blick absichtlich nicht aus dem Wege.

Manipulierte Techniken

Außer der Dauer und der Richtung flüchtiger Blicke signalisieren wir auch durch das Schließen der Augenlider etwas. Fünf junge Krankenschwestern konnten in einer

Die Augenlider

Testserie 23 verschiedene Arten des Lidschließens unterscheiden, wie Prof. Birdwhistell berichtet.

Bedeutungsvolle Lidpositionen

Sie meinten jedoch alle, daß von den 23 Lidpositionen nur vier wirklich ‹etwas bedeuteten›. Nach einem nochmaligen Test konnte Prof. Birdwhistell diese vier Positionen genau bezeichnen: geöffnete Augen, leicht hängende Lider, leicht blinzelnde Lider, fast geschlossene Lider.

Als er die Gegenprobe zum Test versuchte und die Mädchen aufforderte, die Lidpositionen, die sie selbst erkannt hatten, auf Anweisung zu reproduzieren, war er nicht so erfolgreich. Vier Versuchspersonen konnten fünf der 23 Positionen reproduzieren, nur eine einzige beherrschte mehr als fünf.

Begabte Männer

Als er dasselbe Experiment mit Männern wiederholte, entdeckte er, daß alle Testpersonen mindestens zehn Positionen reproduzieren konnten. Überraschenderweise steht Männern also eine größere Skala zur Verfügung. Einige von ihnen waren imstande, fünfzehn verschiedene Lidpositionen zu reproduzieren, und einer – ein wahres Redewunder der ‹Lidsprache› – schaffte sogar 35 verschiedene Positionen.

Als Prof. Birdwhistell kulturelle Vergleiche anstellte, fand er heraus, daß Japaner beiderlei Geschlechts ungefähr die gleiche Zahl verschiedener Lidpositionen beherrschen. Aber auch die Japaner konnten bei anderen Leuten mehr Positionen identifizieren, als sie selbst auf Anweisung auszuführen imstande waren.

Stellung der Augenbrauen

Wenn man außer den Lidern noch die Augenbrauen bewegt, entstehen weit mehr erkennbare Signale. Einige Wissenschaftler haben allein bei den Augenbrauen bis zu 40 verschiedene Positionen festgestellt; die meisten von ihnen sind allerdings der Ansicht, daß weniger als die Hälfte dieser Positionen eine bestimmte Bedeutung hat. Erst wenn die bedeutungtragenden Bewegungen der Augenbrauen mit den bedeutungtragenden Lidbewegungen kombiniert werden und außerdem noch die verschiedenen Arten des Stirnrunzelns einbezogen werden, erhalten wir eine fast endlose Reihe von Permutationen und Kombinationen.

Wenn jede Kombination etwas anderes aussagt, ist die Zahl der Signale, die wir mit unseren Augen und der sie umgebenden Haut aussenden können, praktisch unbegrenzt.

10
Alphabet der Bewegungen

Gibt es eine Sprache der Beine?

Die Erforschung der Körpersprache, in ihren Anfängen als kuriose Neuheit betrachtet, wandelte sich schnell zur Wissenschaft der Kinesik. Was zuerst als sichtbare Tatsache vorlag, wurde schnell zu einem meßbaren Faktum.

Reaktionen auf Stress

In Stress-Situationen lutschen Babies am Daumen, kauen Männer an den Fingernägeln oder Knöcheln, legen Frauen die Hände auf die Brust. Das Verständnis der Körpersprache läßt uns diese eigenartigen Gesten begreifen. Ein Baby, das am Daumen lutscht, folgt damit, in einer symbolischen Rückkehr zur trostspendenden Mutterbrust, seinem Bedürfnis nach Sicherheit. Der Mann hat das von der Gesellschaft nicht akzeptierte Daumenlutschen durch das Kauen an Nägeln und Fingerknöcheln ersetzt, das von der Gesellschaft noch so gerade eben geduldet wird, und die Frau legt die Hände auf die Brust, um sich zu verteidigen, indem sie ihre verletzlichen Brüste bedeckt und schützt. Das Verständnis der Kräfte, die hinter diesen Gesten liegen, ist der Wendepunkt, an dem aus einer kuriosen Neuheit eine Wissenschaft wird.

Meßbare Mimik

Daß Menschen gelegentlich die Augenbrauen hochziehen oder die Lider mehr oder weniger schließen, ist eine sichtbare Tatsache. Wenn man den genauen Grad des Hochziehens und den Winkel des Schließens kennt, wird die Tatsache meßbar. Prof. Birdwhistell hat folgendes geschrieben: «‹Leicht hängende Lider› bedeuten in der Kombination mit ‹beidseitig gehobenen, in der Mitte etwas zusammengezogenen Augenbrauen› offensichtlich etwas anderes als ‹leicht hängende Lider› in der Kombination mit ‹einseitig leicht hochgezogenen Augenbrauen›.» Hier handelt es sich um die gemessene Erläuterung der sichtbaren Tatsache, daß ein Gesicht mit halbgeschlossenen Augen und mit Augenbrauen, die in der Mitte zusammengezogen und außen hochgezogen sind, anders aussieht als dasselbe Gesicht mit halbgeschlossenen Augen und einer einzigen leicht hochgezogenen Augenbraue.

Signifikante Unterschiede

Leider läuft die Kinesik – eine Ansammlung zusammenhängender Fakten, die im Begriff sind, Gegenstand einer Wissenschaft zu werden – auch Gefahr, daß man sie unzulässig, verallgemeinert und Fehlinterpretationen aufstellt.

Übergeschlagene Beine

Was können wir beispielsweise von übereinandergeschlagenen Beinen ablesen? Weiter oben sprachen wir bereits über die Bedeutung dieser Beinstellung als unbewußt angewandtes Mittel, die Mitglieder einer Gruppe einzuschließen oder auszuschließen. Wir haben gesehen, daß sie ebenfalls in übereinstimmenden Gruppen anzutreffen ist, wo einer der Anwesenden das Haltungsmuster bestimmt und die anderen ihn nachahmen.

Die verräterischen Beine?

Können übereinandergeschlagene Beine auch Charakterzüge ausdrücken? Geben wir durch die Art, wie wir beim Sitzen unsere Beine halten, Einblick in unsere Persönlichkeit?

Wie bei allen anderen Signalen der Körpersprache läßt sich die Frage auch hier nicht mit einem eindeutigen ‹Ja› oder ‹Nein› beantworten. Übereinandergeschlagene Beine oder ausgestreckte Beine können Einblick in die Gefühle eines Menschen, in seinen *momentanen* emotionalen Zustand geben, möglicherweise bedeuten sie überhaupt nichts.

Geschichte eines Trugschlusses

Ich kenne einen Schriftsteller, der seine Manuskripte immer mit der Hand schreibt. Er schlägt seine Beine nur von links nach rechts übereinander – also das linke Bein über das rechte – und niemals umgekehrt. Kürzlich saß er bei einem geselligen Abend links von seiner Frau, hatte das linke Bein über das rechte gelegt – es wies also zu seiner Frau hin. Ihr rechtes Bein lag auf dem linken und wies zu ihm.

Der unvorsichtige Amateur

Ein Amateurpsychologe aus unserer Runde nickte dem Paar zu und sagte: «Seht, sie bilden einen geschlossenen Kreis, da ihre übergeschlagenen Beine zueinander weisen und dadurch den Rest der Gruppe ausschließen – eine perfekte Lektion in Körpersprache.»

Später nahm ich meinen Schriftsteller-Bekannten beiseite und sagte: «Ich weiß, daß du dich gut mit deiner Frau verstehst, aber ich frage mich doch, ob die übereinandergeschlagenen Beine wirklich etwas zu bedeuten hatten.»

Die einfache Wahrheit

Lächelnd erklärte er: «Ich kann immer nur das linke Bein über das rechte legen und nicht umgekehrt. Das kommt daher, daß ich meine ersten Entwürfe mit der Hand schreibe und nicht mit der Schreibmaschine.»

Verwirrt fragte ich: «Aber was hat das damit zu tun?»

«Ich kann nur das linke Bein über das rechte legen, weil

ich die Beine schon mein Leben lang auf diese Weise gekreuzt habe und meine Beinmuskeln und -knochen sich dem angepaßt haben. Wenn ich meine Beine andersherum kreuze, sitze ich unbequem. Also lege ich ganz automatisch das linke Bein über das rechte.»

«Aber ich verstehe immer noch nicht, wieso das Schreiben mit der Hand . . .»

«Ganz einfach. Ich schreibe nie am Schreibtisch. Ich schreibe im Sessel, und zwar auf einem kleinen Brett, das ich auf dem Knie balanciere. Um das Brett hoch genug zu haben, daß ich schreiben kann, muß ich die Beine übereinanderschlagen. Weil ich Rechtshänder bin, drücke ich die Hand beim Schreiben automatisch etwas nach links. Also schlage ich die Beine so über, daß das linke Bein höher liegt, und das tut es nur, wenn es über dem rechten liegt. Das war schon immer so, und jetzt ist es die einzige Position, in der ich bequem sitze. Soviel über meine Körpersprache. Heute abend habe ich zufällig links von meiner Frau gesessen. An anderen Abenden sitze ich rechts von ihr, und zwar ebenso zufällig.»

Fakten und Urteile

Die Moral dieser Geschichte? Bevor man ein ‹wissenschaftliches› Urteil fällt, sollte man alle Fakten kennen. Bevor wir dem Übereinanderschlagen der Beine irgendeine Bedeutung zumessen, müssen wir die physiologischen Fakten kennen. Dasselbe gilt für verschränkte Arme. Wir können versucht sein, eine ganze Reihe von Bedeutungen an die Beobachtung zu knüpfen, wie und wann jemand seine Arme verschränkt. Es scheint festzustehen, daß das Verschränken der Arme manchmal eine Verteidigungsgeste ist, ein Signal dafür, daß man nicht gewillt ist, sich einer anderen Meinung anzuschließen, oder auch ein Zeichen für Unsicherheit und den Wunsch, sich zu schützen. Diese und noch etliche andere Deutungen sind durchaus gültig, aber wenn es um die Richtung geht, in der wir unsere Arme verschränken, ob wir den linken über den rechten oder den rechten über den linken legen, befinden wir uns tatsächlich auf unsicherem Boden.

Polyvalente Gesten

Genetische Züge und Haltung

Verschränken der Arme

Legen Sie einmal die Arme übereinander, ohne vorher nachzudenken. Manche Leute werden den linken Arm nach oben nehmen, andere den rechten, aber – und das ist wichtig – man verschränkt sie immer auf die gleiche Weise. Wenn man sie andersherum kreuzt, fühlt es sich ‹falsch› an. Die Erklärung ist einfach: Die Art, wie wir unsere Arme verschränken, ist ein genetischer Zug, ein angeborenes Merkmal, und zwar ebenso wie unsere Entscheidung, ob wir mit der linken oder mit der rechten Hand schreiben wollen. Das Falten der Hände und das Ineinanderverschränken der Finger beruhen ebenfalls auf einem genetischen Merkmal. Liegt bei Ihnen der rechte Daumen oben oder der linke?

Wenn wir diese Tatsachen berücksichtigen, befinden wir uns vielleicht auf sicherem Boden, wenn wir die Geste selbst als Signal sehen; wir geraten aber wieder auf unsicheren Grund, sobald wir von der Richtung sprechen.

Deutungsrahmen der Körpersprache

Die meisten ernsthaften Forschungsarbeiten über die Körpersprache haben sich mit Gefühlsregungen beschäftigt, die durch Bewegungen übermittelt werden, nicht aber mit der psychischen Anlage der Person, die eine Botschaft in der Körpersprache übermittelt. Bestenfalls ist das ausgesandte Signal, die Körpersprache, benutzt worden, um einen Menschen dazu zu bringen, daß er sich selbst besser versteht. Wenn durch die Analyse der Körpersprache etwas über Persönlichkeit und Charakterzüge statt über das eigentliche Verhalten ausgesagt werden soll, muß man mit Widersprüchlichkeiten rechnen.

Das ABC der Körpersprache

Das Begriffssystem der Kinesik

Um gewisse Aspekte der Körpersprache exakt zu definieren und die Beschäftigung mit der Körpersprache vielleicht zur Wissenschaft zu machen, schrieb Prof. Ray Birdwhistell ein einführendes Handbuch über dieses Thema, das unter dem Titel ‹*An Introduction to Kinesics*› veröffentlicht wurde. Darin versucht er vor allem, ein Begriffssystem für die Kinesik zu entwickeln, um alle signifikanten Bewegungen auf ihre Grundeinheiten zu reduzieren und ihnen ein Symbol zu geben – wie ein Choreograph den Tanz auf die grundlegenden Schritte zurückführt und jedem Schritt ein Symbol gibt.

Eine neue Bilderschrift

Das Resultat erinnert ein wenig an ägyptische Hieroglyphen, läßt sich aber hoffentlich leichter lesen. Prof. Birdwhistell beginnt mit den Augen, da sie die am häufigsten benutzten Kommunikationsmittel der Körpersprache sind, und kommt zu dem Ergebnis, das Zeichen 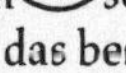 sei das beste Symbol für ein geöffnetes Auge, und – sei das beste Symbol für geschlossene Augen. Ein Blinzeln des rechten Auges wird also zu –und ein Blinzeln des linken Auges zu  –. Geöffnete Augen sind   usw. Prof. Birdwhistell bezeichnet jede dieser Bewegungen als «Kinon», als kleinste registrierbare Bewegung.

Das Kinon

Die erste Voraussetzung bei der Entwicklung einer derartigen ‹Nomenklatur› für die Körpersprache besteht nach Prof. Birdwhistell in der Annahme, daß alle Bewegungen des Körpers Bedeutungen haben. Keine einzige erfolgt zufällig. Wenn man diese Voraussetzung akzeptiert, kann man an die Untersuchung der einzelnen Bewegungen und ihrer Bedeutungen gehen und sie katalogisieren und benennen.

Grundvoraussetzung der Kinesik

Meiner Meinung nach ist diese Grundvoraussetzung am schwersten zu akzeptieren. Vielleicht ist Reiben der Nase ein Zeichen für Nichtübereinstimmung, es kann aber auch ein Zeichen dafür sein, daß die Nase juckt. Hier in der Trennung der signifikanten von den nichtsignifikanten, der bedeutungsvollen von den zufälligen Gesten, liegt die eigentliche Schwierigkeit der Kinesik.

Deutungsmöglichkeiten einer Pose

Wenn eine Frau mit parallel ausgestreckten, in der Höhe der Knöchel leicht gekreuzten Beinen dasitzt, mag das auf Ordnungssinn hinweisen, aber mit weit größerer Wahrscheinlichkeit nimmt sie eine affektierte Haltung ein oder sie hat sie gar auf einer Charme-Schule gelernt. Bestimmte Charme-Schulen sind der Meinung, diese Haltung der Beine sei anmutig und fraulich, und sie raten ihren Schülerinnen, sie sollten sich weiblicher und anziehender machen, indem sie beim Sitzen jedesmal diese Haltung einnehmen. Es ist außerdem eine Pose, die es Frauen mit Miniröcken erlaubt, bequem und dezent zu sitzen. Zudem haben sie unsere Großmütter als ‹sehr damenhaft› betrachtet.

Methoden der Analyse

Das sind einige der Gründe, weshalb wir uns der Körpersprache mit Vorsicht nähern und eine Bewegung oder Geste nur unter Berücksichtigung des gesamten Bewegungsmusters analysieren sollten. Das Bewegungsmuster müssen wir dabei auch noch mit den gesprochenen Äußerungen kombinieren. Beide widersprechen sich zwar gelegentlich, gehören aber immer zusammen. Um die Bewegungen des Körpers zu schematisieren – ehe man sie in einer Art Bilderschrift ausdrückt –, muß man einen grundlegenden Bezugspunkt, gewissermaßen einen Nullpunkt haben. Eine Armbewegung beispielsweise ist nur dann bedeutungsvoll, wenn wir wissen, welche Entfernung, welchen Radius sie beschreibt. Das können wir aber nur wissen, wenn wir

Der Körper-Nullpunkt

vorher einen Bezugspunkt festgesetzt haben.

Prof. Birdwhistell bestimmt in seinem Buch einen Bezugspunkt für «Amerikaner der Mittelklasse». Es handelt sich bei diesem Bezugspunkt um die halb entspannte Körperhaltung mit erhobenem, nach vorn gerichtetem Kopf, mit Armen, die seitlich am Körper herabhängen, und geschlossenen Beinen. Jede Bewegung, mit der man sich von diesem Nullpunkt entfernt, ist eine wahrnehmbare Körperhaltung.

Soziale Unterschiede der Körpersprache

Es ist bezeichnend, daß Prof. Birdwhistell sein Werk auf Amerikaner des Mittelstandes begrenzt. Damit erkennt er an, daß in der amerikanischen Gesellschaft keine einheitliche Körpersprache verwendet wird. Amerikaner aus der Arbeiterklasse werden bestimmte Bewegungen auf bestimmte Weise deuten, im Mittelstand wird diese Deutung jedoch nicht gelten.

Ethnische Unterschiede

In den USA bestehen meiner Meinung nach bei der Gestik größere ethnische als durch Klassenzugehörigkeit bedingte Unterschiede. Obgleich Prof. Birdwhistell es nicht ausdrücklich betont, nehme ich an, daß er sich in erster Linie mit den weißen Amerikanern des Mittelstandes beschäftigt, die angelsächsischer Herkunft sind und protestantischen Religionsgemeinschaften angehören. Wenn das wirklich so ist, stehen Studenten, die sich ernsthaft mit der neuen Wissenschaft beschäftigen wollen, vor einer überwältigend umfangreichen Masse von Daten, die sie sich einprägen müssen. Sie müssen nicht nur ein Interpretationssystem beherrschen, das für weiße, angelsächsische, protestantische Amerikaner gilt, sondern auch eins für Italo-Amerikaner, eins für amerikanische Neger usw. Und außerdem gäbe es noch in jeder von diesen Kategorien durch Klassenzugehörigkeit bedingte Unterschiede. Die Gesamtzahl der verschiedenen Systeme der Körpersprache wäre in der Tat überwältigend. Was gefunden werden muß, ist ein allgemeingültiges System, das sich auf alle Kulturen und ethnische Gruppen anwenden läßt, und ich vermute, Prof. Birdwhistells System wird bei entsprechender Modifizierung diese Aufgaben erfüllen.

Das allgemeingültige System

Prof. Birdwhistell weist auch darauf hin, daß eine Körperbewegung in dem einen Zusammenhang überhaupt nichts besagt, daß sie in einem anderen Zusammenhang jedoch außerordentlich bedeutungsvoll sein kann. Das Runzeln der Haut zwischen den Augenbrauen beispielsweise kann ganz einfach einen Abschnitt im Satz betonen, es kann

Vieldeutigkeit

in einem anderen Zusammenhang ein Zeichen für Ärger sein oder – in einem weiteren Zusammenhang – ein Ausdruck für äußerste Konzentration. Wenn wir allein das Gesicht untersuchen, können wir die genaue Bedeutung des Runzelns nicht erfassen. Wir müssen wissen, was der Mensch, der die Haut zwischen den Augenbrauen runzelt, gerade tut.

Bewegungen als soziale Merkmale

Nach Prof. Birdwhistell sind alle unsere Bewegungen erlernt, wenn sie etwas bedeuten. Wir übernehmen sie als Merkmale der Gesellschaft, in der wir leben. Als Veranschaulichung der menschlichen Lernfähigkeit betrachtet er die universelle Bewegung der Körpersprache, die es gibt, nämlich die Bewegung der Augenlider. Wir neigen zu der Annahme, bei den Bewegungen der Augenlider handle es sich um Reflexbewegungen. Wir blinzeln, um uns gegen grelles Licht zu schützen, oder wir zwinkern, um Staub von den Augen fernzuhalten.

Der Fakir blinzelt nicht

Im Widerspruch dazu stehen die vielen Fälle erlernter Bewegungen des Augenlids, die Prof. Birdwhistell anführt. Bei bestimmten religiösen Kulten Indiens lernen die Fakire, ohne zu blinzeln in die Sonne zu schauen und einem Sandsturm ohne zu zwinkern die Stirn zu bieten. In unserer Gesellschaft lernen die Mädchen, beim Flirt mit den ‹Wimpern zu klimpern›. Nach Prof. Birdwhistells Ansicht beweisen diese Beispiele, daß nicht alle Bewegungen der Augenlider instinktiv erfolgen und die Bewegungsmuster des Lids von Kultur zu Kultur variieren.

Zweisprachigkeit bei der Körpersprache

In diesem Zusammenhang ist die Tatsache interessant, daß zweisprachige Menschen, wenn sie von der einen Sprache zur anderen wechseln, im gleichen Moment auch die Körpersprache, die Gesten und die Bewegungen der Augenlider verändern.

Die Benennung der Kinons

Auch wenn – wie wir in einem früheren Kapitel gezeigt haben – manche Gesten nicht erlernt, sondern genetisch überliefert sind (das Lächeln beispielsweise), ist die Kommunikation der Menschen untereinander auf jeden Fall eine erlernte Kunst. Da Körperbewegungen Kommunikationsträger sein können, dürfen wir annehmen, daß auch sie zum größten Teil erlernt sind.

Fallstricke der Film-Methode

Die unwichtigen kleinen Gesten

Obwohl Prof. Birdwhistell seine Analysen der Körperbewegung hauptsächlich durch genaue Untersuchung von Filmen gemacht hat, die er immer wieder abspielte, bis alle scheinbar zufälligen Eigenheiten erkannt und benannt waren, warnt er davor, sich allzusehr auf diese Methode zu verlassen. Wenn wir Bewegungsabläufe filmen und dann bei der Analyse mehrmals in Zeitlupe abspielen müssen, bevor wir bestimmte Einzelbewegungen herauskristallisieren können – wie wichtig ist die Bewegung, die wir entdeckt haben, dann überhaupt? Eine Bewegung kann doch nur dann von Bedeutung sein, wenn sie mühelos signalisiert und mühelos empfangen wird! Prof. Birdwhistell ist der Meinung, die kleinen Gesten, die der Film festhält und die dem menschlichen Auge normalerweise entgehen, könnten für die Kommunikation nicht sehr wichtig sein.

Unterbewußte Bedeutungen

Wahrscheinlich besitzen diese Gesten jedoch eine unterschwellige Bedeutung. Wir erkennen Bilder, die zu kurz ausgestrahlt werden, um noch bewußt vom Auge wahrgenommen zu werden, häufig unbewußt und verarbeiten sie.

Was wir senden

Prof. Birdwhistell unterscheidet nicht nur zwischen den Gesten und Bewegungen, die wir bemerken, und denen, die wir nicht bemerken, sondern auch zwischen denen, die wir bewußt, und denen, die wir unbewußt machen. Es gibt derart viele Bewegungen, die wir in jeder Minute ausführen können und tatsächlich ausführen, daß fast niemand von uns bewußt empfindet, daß er sie ausführt oder beobachtet. Und doch senden wir pausenlos Signale aus, empfangen sie und senden als Reaktion auf diesen Empfang weitere Signale aus.

Kontext als Bedeutungselement

Nach Prof. Birdwhistell muß man bei der Körpersprache vor allem berücksichtigen, daß niemals auch nur die kleinste Bewegung isoliert und zusammenhanglos erfolgt. Sie gehört immer zu einem Gesamtmuster. Ein Romancier kann vielleicht schreiben: ‹Sie zwinkerte ihm zu.› Aber diese Feststellung ist nur deshalb von Bedeutung, weil der Leser sich die anderen Gesten vorstellen kann, die mit dem Zwinkern einhergehen, und weil er im Kontext mit der beschriebenen Situation weiß, daß dieses Zwinkern eine Einladung zum Flirt darstellt.

Das Zwinkern

Das Zwinkern allein wird von Dr. Birdwhistell als Kinon, als kleinste meßbare Grundeinheit der Körpersprache, bezeichnet. Dieses besondere Kinon kann als ‹Senken des einen Augenlids bei relativer Unbeweglichkeit des anderen› beschrieben werden. Eine solche Art der Beschreibung bringt allerdings mit sich, daß man das jeweilige Kinon aller mit ihm verbundenen Gefühle entkleidet. Es wird ganz einfach zum Schließen des einen Auges, ist nicht länger Signal für den Flirt.

Testserie als Kinons

Wer ein ‹Schrift›-System für die Körpersprache entwikkelt, muß die beschriebenen Bewegungen emotionsfrei sehen. Genauso notwendig ist es, eine Testserie auszuarbeiten, mit dem man Kinons registrieren und reproduzieren kann. Zu diesem Zweck benutzt Prof. Birdwhistell einen Schauspieler oder einen Studenten, der in Körpersprache besonders geübt ist und versuchen soll, einer Gruppe von anderen Studenten verschiedene Bewegungen und ihre jeweilige Bedeutung vorzuführen. Dann wird die Gruppe gebeten, die einzelnen Bewegungen genau voneinander zu unterscheiden; sie soll aber nicht erraten, was jede Bewegung bedeutet.

Eingrenzung der Kinons

Statt dessen fragt man: «Bedeutet das etwas anderes als das?» Auf diese Weise stellt der Registrierende fest, ob und wann eine kleine Skala von Bewegungen einen anderen Eindruck auslöst. Anschließend kann er der neuen oder zusätzlichen Bewegung eine Bedeutung zuweisen.

Die Differenzmethode

Im Verlauf einer umfassenden Testreihe ist es Prof. Birdwhistell gelungen, verschiedene Kinons exakt zu unterscheiden und zu bestimmen, an welchem Punkt ein zusätzliches Kinon die Gesamtbewegung verändert.

Man fordert beispielsweise einen Schauspieler auf, die Studentengruppe anzusehen und ihr den folgenden Ausdruck zu übermitteln:

In die Sprache übertragen bedeutet dieser Ausdruck ein Zwinkern mit geschlossenem linkem Auge und ein kurzer Blick aus dem Winkel des linken Auges heraus. Der Mund bleibt dabei in Normalstellung, die Nasenspitze ist jedoch leicht gesenkt. Anschließend führte man der Beobachtergruppe einen zweiten, ganz ähnlichen Gesichtsausdruck vor. Im Diagramm sähe er so aus:

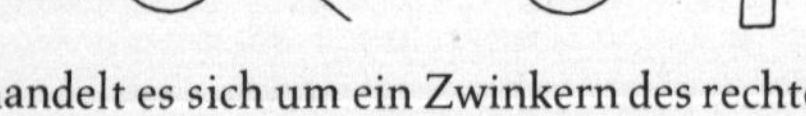

Hier handelt es sich um ein Zwinkern des rechten Auges, einen Seitenblick aus dem Winkel des linken Auges, der

Mund bleibt in Normalstellung, die Nasenspitze wird leicht gesenkt.

Die Beobachter wurden nach dem Unterschied gefragt, und ihr Kommentar lautete: «Es sieht anders aus, aber es bedeutet nichts anderes.»

Bedeutungskonstanz und Veränderung

Jetzt kann man der wachsenden Informationsmenge über die Phänomene der Körpersprache eine weitere eingliedern: Es kommt nicht darauf an, mit welchem Auge gezwinkert wird. Die Bedeutung bleibt dieselbe. Es kommt auch nicht darauf an, ob man dabei einen kurzen Seitenblick aus dem Augenwinkel wirft.

Dann erhalten die Beobachter eine dritte Lektion:

Der unbedeutende Seitenblick

Es handelt sich hier im wesentlichen um das erste Zwinkern ohne Seitenblick, aber ebenfalls mit gesenkter Nasenspitze. Die Beobachtergruppe entschied, dieser Gesichtsausdruck unterscheide sich nicht vom ersten. Für die Kinesik steht damit fest, daß ein kurzer Seitenblick in der Körpersprache nicht unbedingt etwas zu bedeuten braucht. Schließlich versucht man es mit einer vierten Variation:

Bei diesem Gesichtsausdruck handelt es sich um das gleiche Zwinkern, der kurze Seitenblick richtet sich auf das geschlossene Auge. Die Nasenspitze ist ebenfalls leicht gesenkt, nur die Mundstellung hat sich geändert. Jetzt schmollt der Mund ein wenig. Als man der Gruppe diesen Ausdruck vorführte, lautete ihr Kommentar: «Also, das ändert die Sache.»

Rolle der Mundposition

Die Kinesik besitzt nun folgende Information: Eine Änderung der Mundposition bewirkt eine Änderung der Bedeutung.

Die genaue wissenschaftliche Untersuchung bestätigt hier die Erkenntnis, daß Augenbewegungen allein weniger zur Kommunikation beitragen als Gesichtsbewegungen. Wir sind unwillkürlich der Meinung, Seitenblicke und Zwinkern übermittelten verschiedene Bedeutungen, aber Prof. Birdwhistell zeigt, daß sie es nicht tun. Der Gesichtsausdruck ändert sich erst, wenn sich die Mundposition ändert.

Signale der Augenbrauen

Natürlich kümmerte sich Prof. Birdwhistell bei dieser Testreihe nicht um die Bewegungen der Augenbrauen. Hätte er das nicht getan, wäre durch eine winzige Positionsänderung einer einzigen Augenbraue aller Wahrscheinlichkeit nach eine völlig andere Bedeutung signalisiert worden. Das Hochziehen einer Augenbraue ist ein klassisches Signal für Zweifel, das Hochziehen beider Brauen ein Signal für Überraschung, das Senken beider Brauen ein Signal für Unbehagen und Mißtrauen.

Zwinkern, Seitenblick, Schmollmund

Prof. Birdwhistell entdeckte, daß Zwinkern, also das kurze Schließen eines Auges, für das Übermitteln einer Botschaft von Bedeutung sein konnte. Kurze Seitenblicke waren nicht bedeutungsvoll, wenn die Stellung des Mundes dabei normal blieb. Ein kurzer Seitenblick war in Verbindung mit einem Schmollmund jedoch bedeutungsvoll. Eine gesenkte Nasenspitze war im Kontext mit zwinkernden Augen nicht bedeutungsvoll, in einem anderen Zusammenhang besaß sie aber eine Bedeutung.

Kultur und Kinesik

Kopfbewegungen

Das Gesicht besitzt eine erstaunliche Vielfalt der Ausdrucksmöglichkeiten. Wenn wir unsere Betrachtung nur auf den Kopf ohne das Gesicht beschränken, wird eine weitere Serie von Bewegungen und Bedeutungen sichtbar. Man nickt und schüttelt den Kopf, man dreht und hebt ihn, und alle diese Haltungen besitzen eine Bedeutung. Ihre Bedeutung ändert sich aber, sobald man sie mit verschiedenen Gesichtsausdrücken kombiniert und in verschiedenen Kulturräumen beobachtet.

Die unbegreiflichen Inder

Einer meiner Freunde unterrichtete an einer großen Fachhochschule, an der viele Studenten aus Indien eingeschrieben sind. Diese Studenten, so erzählte er mir, bewegen den Kopf auf und ab, wenn sie ‹Nein› sagen wollen, und sie bewegen ihn von einer Seite zur anderen, wenn sie ‹Ja› sagen wollen. «Manchmal komme ich ganz durcheinander», klagte er, «wenn ich eine besonders komplizierte Sache erkläre, und sie sitzen da und signalisieren etwas, das ich als ‹Nein› deuten muß, wenn sie es verstanden haben, und was ich als ‹Ja› deuten muß, wenn sie es nicht verstanden haben. Und doch bin ich mir klar, daß es nur ein kulturelles Problem ist. In Wirklichkeit senden sie das Gegenteil von dem aus, was ich instinktiv empfange, das weiß ich, aber trotzdem wird es für mich nicht leichter. Ich selbst bin durch die Kultur, in der ich aufgewachsen bin, so festgelegt, daß ich den Widerspruch einfach nicht akzeptieren kann.»

Die Haltung des Talmud-Studenten

Die kulturbedingte Festlegung der Körpersprache läßt sich nur schwer überwinden. Ich kenne einen Mathematikprofessor, der als junger Mann in Deutschland den Talmud studierte und Anfang der dreißiger Jahre nach Amerika auswanderte. Bis zum heutigen Tag fällt er bei seinen Vorlesungen in die typische ‹Flitzbogen-Haltung› des Talmudstudenten zurück. Er lehnt sich nach vorn, biegt seinen Körper von der Hüfte an vorwärts, stellt sich dann auf die Zehenspitzen und reckt sich hoch, wobei er den Körper ganz nach hinten beugt.

Die Kraft kultureller Bindungen

Auch als man ihn scherzhaft darauf aufmerksam machte, war er nicht imstande, die Bewegung seines Körpers zu kontrollieren. Wir können die Kraft kultureller Bindungen in der Körpersprache gar nicht hoch genug einschätzen. Während des Naziregimes gaben sich Juden, die alle Anstrengung unternahmen, als Arier zu gelten, oft durch ihre Körpersprache preis. Ihre Handbewegungen waren ungezwungener und großzügiger als die Handbewegungen der anderen Deutschen. Von allen Verstellungstechniken ließen sich diese Handbewegungen am schwersten kontrollieren.

Demonstration eines Unterschieds

Die kulturbedingten Unterschiede lassen den Beobachter einer bestimmten Nationalität Dinge in der Körpersprache sehen, die dem Beobachter einer anderen Nationalität vollkommen entgehen.

Diese Darstellung geöffneter Augen bei zusammengezogenen Augenbrauen, zusammengezogenen Nasenflügeln und Mund in Ruhestellung – wäre für einen Amerikaner gleichbedeutend mit der folgenden:

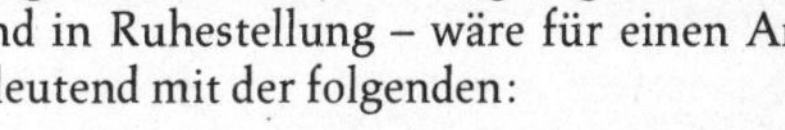

Differierende Bedeutungen

Für einen Italiener ergäbe sich jedoch durch Fortlassen der zusammengezogenen Brauen eine etwas andere Bedeutung. Der erste Gesichtsausdruck kann Unbehagen oder

Furcht signalisieren. Entscheidend ist in beiden Fällen der Zusammenhang, in dem sich der jeweilige Gesichtsausdruck ergibt.

Nach Prof. Birdwhistell kann die Körpersprache erst in Verbindung mit der gesprochenen Sprache den Schlüssel zu einer Handlung und ihrem Verständnis geben. Und doch können aus der Körpersprache auch ohne Berücksichtigung der gesprochenen Sprache oft die Triebkräfte einer Handlung oder die verborgenen Gefühle einer Person entschlüsselt werden.

Folgt dem Anführer

Worttypen und Aktionstyp

Prof. Birdwhistell schildert den Fall einer Bande von Jugendlichen. Drei Jungen der Bande waren – mit seinen Worten – «ausgeprägte Worttypen», was wir vielleicht als ‹Schreihälse› bezeichnen würden. Er filmte die Gruppe in Aktion und fand heraus, daß die drei Vokaltypen der Bande für 72 bis 93 Prozent aller gesprochenen Worte verantwortlich waren.

Die Bande hatte zwei Anführer. Der eine gehörte zu den Worttypen. Nennen wir ihn einmal Tom. Der andere Anführer war Bob, ein ruhiger Typ. Er war sogar einer der schweigsamsten Jungen der Gruppe. Eine genaue Analyse ergab, daß Bob nur für ungefähr 16 Prozent der gesprochenen Worte verantwortlich war. Was machte ihn aber dann zum Anführer?

Wesen der Führerschaft

Die Antwort auf diese Frage könnte auch helfen, eine allgemeinere Frage zu beantworten. Worin besteht Führerschaft? Ist es die Fähigkeit, Befehle zu erteilen und andere in Grund und Boden zu reden? Wenn ja (das könnten wir an Hand von Toms Stellung annehmen), wie steht es dann mit Bob, der so wenig sprach und trotzdem ebenfalls Anführer war?

Nach Prof. Birdwhistell lag die Antwort vielleicht in der Körpersprache.

Beziehungslose Handlungen

Bei der Untersuchung der Filmaufnahmen fand man heraus, daß Bob sich im Vergleich zu den anderen Jungen «an wenigen beziehungslosen Handlungen beteiligte». «Beziehungslose Handlungen» sind nach Prof. Birdwhistells Erklärung Handlungen, die etwas Neues einzuleiten versuchen, die etwas beginnen wollen, das in keiner Beziehung zu vorangegangenen Handlungen steht. ‹Wir wollen angeln gehen›, wenn die Bande gerade Baseball spielen will, oder: ‹Wir wollen in die Stadt und ein bißchen Rabatz machen›, wenn die Bande gerade zu einem nahe gelegenen Strand fahren will.

Bob ergriff nur selten die Gelegenheit, seine Kameraden aufzufordern, etwas zu tun, worauf sie nicht vorbereitet waren oder was sie nicht gern tun wollten. Er steuerte die Bande immer in die Richtung, die sie ohnehin einschlagen wollte, und versuchte nicht, sie in eine vollkommen neue Richtung zu zwingen.

Der erfolgreiche Anführer

Der erfolgreichste Anführer, sei es bei einer Bande oder in der Politik, ist immer der, die die gewünschte Aktion vorwegnimmt und seine Leute zu ihr hinführt, der die Leute das tun läßt, was sie tun wollen. Bob war in dieser Hinsicht sehr geschickt.

Ökonomie der Körpersprache

Vom Standpunkt der Kinesik aus ist die Tatsache, daß Bob eine ausgereifte Körpersprache besaß, jedoch viel interessanter. Er verschwendete seine Körperbewegungen nicht so wie die anderen Jungen. Er scharrte nicht nutzlos mit den Füßen. Er steckte nicht die Finger in den Mund, kratzte sich nicht am Kopf und trommelte nicht mit den Fingern. Der Unterschied zwischen Reife und Unreife wird oft durch Körpersprache telegrafiert. Zuviel Körperbewegung ohne eigentliche Bedeutung ist unreif. Ein reifer Mensch bewegt sich dann, wenn er muß, und seine Bewegungen erfolgen absichtlich.

Konzentration auf den Nutzeffekt

Minimale Signale

Der Typ Junge, der ein geborener Anführer ist, der eine Bande in die Richtung führt, die sie ohnehin einschlagen will, ist reif genug, seine Körperbewegungen auf nützliche Anwendungsbereiche zu konzentrieren. Zu diesen Anwendungsbereichen gehört auch das Zuhören. Bobs Körpersprache ließ ihn als guten Zuhörer erscheinen. Er imitierte jedesmal die Haltung des Jungen, der sprach. Er steuerte die Unterhaltung mit geeigneten Bewegungen von Gesicht und Kopf und ließ sich niemals zu den ungeduldigen Beinbewegungen und all den anderen Signalen der Jugendlichen hinreißen, die bedeuten: ‹Ich bin unruhig, ich langweile mich, ich interessiere mich nicht dafür.›

Dank seiner Fähigkeit, mit allen Mitteln der Körpersprache zuzuhören, konnte der Rest der Bande mit allen Problemen zu Bob kommen und ihm vertrauen, wenn er etwas vorschlug. Seltsam genug – oder auch ganz natürlich –, daß

Bob ein guter Unterhalter war, obgleich er weniger redete als die anderen. Es ist möglich, daß die besondere Körpersprache, die ihn zum Anführer machte, sich in seinen Worten niederschlug. Wenn er sprach, blieben seine Worte nie ohne Wirkung.

Kleinbewegungen des Körpers

Auf der Grundlage dieser Erfahrungen teilte Prof. Birdwhistell den Körper in acht Abschnitte auf, um das Aufdekken solcher ‹Kleinbewegungen› zu erleichtern. Außer dem *Kopf* und dem *Gesicht* unterscheidet er noch zwischen *Rumpf mit Schultern, Armen mit Handgelenken, Händen mit Fingern, Hüften mit Beinen und Knöcheln,* den *Füßen* und dem *Hals mit Nacken.*

Bewegung und Richtung

Die speziellen Zeichen für Bewegungen dieser Körperteile werden mit einer Reihe von Richtungssignalen kombiniert. Darunter befinden sich ein ↑, um eine höhere Stellung zu bezeichnen, ein ↓, um eine niedrigere Stellung zu bezeichnen, ein ⟶ für vorwärts, ein ⟵ für rückwärts und ein ——|, das Kontinuität einer Bewegung oder Haltung anzeigt.

Nomenklatur und Forschung

Nach dieser Darstellung der Beschreibungstechnik ergeben sich notwendigerweise folgende Fragen: Welchen Anteil leistet die Nomenklatur eigentlich beim Studium der Körpersprache? Wie wichtig ist es, eine Handlung in exakten Termini zu registrieren? Selbst wenn die beschreibende Nomenklatur mit einer Bandaufnahme der gesprochenen Worte kombiniert wird, läßt sich diese Kombination sicher nur begrenzt auswerten. Die Auswertung bleibt wahrscheinlich wenigen Wissenschaftlern vorbehalten.

Zeichensystem und Verfügbarkeit

Aufzeichnungen in Bilderschrift und Tonbandaufnahmen könnten wie das Zeichensystem für den Tanz dazu benutzt werden, Reden und Gespräche lückenlos ‹aufzunehmen›. Die Ergebnisse könnten Politikern und Lehrern helfen. Von Therapeuten könnte das Verfahren benutzt werden, um therapeutische Sitzungen ‹aufzuzeichnen›, damit man sich nicht nur das in Erinnerung rufen kann, was der Patient mit seinem Mund sagte, sondern auch das, was er mit seinem Körper sagt. Schauspieler, Unterhaltungskünstler, selbst Geschäftsleute könnten es benutzen.

11
Körpersprache: Gebrauch und Mißbrauch

Wir wollen mit den Tieren reden

Die Untersuchungen von R. Allen und Beatrice T. Gardner, eines Forscherehepaares von der University of Nevada, haben gezeigt, wie ‹alt› die Körpersprache eigentlich ist und wie sehr sie das gesprochene Wort an ursprünglicher Bedeutung übertrifft. Die Gardners untersuchten die vielen Fehlschläge der Verhaltenspsychologen, die sich bemüht hatten, Menschenaffen das Sprechen beizubringen, und beschlossen, es statt mit Worten mit Gesten zu versuchen. Sie gingen davon aus, daß Körpersprache ein natürlicher Teil allen tierischen Verhaltens ist und daß Affen genügend mit Körpersprache vertraut sind, um zu lernen, Gesten zu Kommunikationszwecken zu benutzen. Das gilt besonders für Menschenaffen, weil sie einen hochentwickelten Nachahmungstrieb haben und Rechtshänder sind.

Ein Affe lernt die Gestensprache

Die Gardners beschlossen, einer jungen Schimpansin namens Washoe Unterricht in der Zeichensprache zu geben, die in Nordamerika von den Taubstummen gebraucht wird. Die Schimpansin konnte sich im Haus der Gardners völlig frei bewegen, sie erhielt Spielzeug und wurde liebevoll gepflegt. Die Menschen in ihrer Umgebung verkehrten nur durch Zeichensprache.

Umweltbedingungen

Nach echter Schimpansenart imitierte Washoe schon nach kürzester Zeit die zeichensprachlichen Gesten ihrer menschlichen Freunde. Aber es war noch monatelange geduldige Arbeit nötig, ehe sie diese Gesten auch auf Befehl reproduzieren konnte. Durch Berühren ihrer Hand forderte man sie zum ‹Sprechen› auf, und jeder ‹Sprachschnitzer› wurde verbessert, indem man die Gesten auf übertriebene Weise wiederholt. Hatte Washoe ein Zeichen richtig gelernt, wurde sie durch Kitzeln belohnt. Wenn man sie allzusehr zum Arbeiten zwang, reagierte sie mit Weglaufen, Fratzenschneiden oder mit einem Biß in die Hand des Lehrers.

Lernen durch Imitation

Nach zwei Jahren geduldiger Arbeit hatte Washoe ungefähr dreißig verschiedene Zeichen gelernt. Ein Zeichen hatte sie gelernt, sobald sie es fünfzehn Tage lang mindestens

Richtschnur des Lernerfolgs

einmal pro Tag aus eigenem Antrieb und im richtigen Zusammenhang gebrauchte. Washoe lernte, ihre Fingerspitzen über den Kopf zu heben, wenn sie ‹mehr› verlangte, ihre geöffnete Hand aus dem Gelenk heraus zu schütteln, um ‹schnell› zu signalisieren, und ihre Handfläche an die Brust entlangzuziehen, wenn sie ‹bitte› sagen sollte.

Sie lernte auch die Zeichen für ‹Hut›, ‹Schuhe›, ‹Hosen› und andere Kleidungsstücke sowie die Zeichen für ‹Baby›, ‹Hund› und ‹Katze›. Überraschend genug, daß sie letztere Zeichen auch dann benutzte, wenn sie ein Baby, einen Hund oder eine Katze erblickte, die sie vorher noch nie gesehen hatte. Einmal benutzte sie sogar das Zeichen für Hund, als sie nur ein Bellen hörte. Sie erfand auch ein paar Sätze. ‹Zum Süßen gehen›, wenn sie zu einem Himbeerstrauch getragen werden wollte, und ‹Essen und Trinken aufmachen›, wenn sie etwas aus dem Kühlschrank haben wollte.

Abstraktionsfähigkeit

Das Experiment wird noch fortgesetzt, und Washoe lernt neue Gesten und baut sie in neue Sätze ein. Der alte Wunsch des Dr. Doolittle, mit den Tieren zu sprechen, kann durch die Körpersprache doch noch erfüllt werden.

Der Wunsch Dr. Doolittles

Abgeklärte Naturforscher werden allerdings darauf hinweisen, daß die Körpersprache der Tiere schon lange bekannt ist. Vögel signalisieren ihre sexuelle Bereitschaft durch ausgeklügelte Balztänze, Bienen signalisieren die Richtung zu einem neuen Honigvorrat durch bestimmte Flugmuster, und Hunden steht eine ganze Reihe von Signalen zur Verfügung – sie können sich auf den Rücken legen und totstellen, sie können sich auf die Hinterbeine stellen und um Futter bitten und vieles andere.

Körpersprache der Tiere

Im Fall von Washoe ist jedoch neu, daß man einem Tier eine Sprache beibringt und es in die Bedeutung der verschiedenen Zeichen dieser Sprache einweiht. Es ist einleuchtend, daß die Zeichensprache dort Erfolg haben würde, wo die gesprochene Sprache versagte. Der Verlust des Gehörs und das Abgeschnittensein von der Welt der Geräusche machen ein Individuum für die Welt der Gesten und Bewegungen offensichtlich viel empfänglicher. Wenn das tatsächlich so ist, müßten Menschen, die stumm sind, ein viel ausgeprägteres Empfinden für Körpersprache haben.

Washoes Fortschritt

Symbole in einer Welt ohne Geräusche

Sensible Taubstumme

Als Dr. Norman Kagan von der Michigan State University seine Forschungsarbeit mit Taubstummen durchführte, ging er von dieser Annahme aus. Man zeigte den Taubstummen Filme von Männern und Frauen in den verschiedensten Situationen und forderte sie auf, die Gefühlslage dieser Leute zu erraten und zu beschreiben, welche Techniken der Körpersprache sie benutzten, um ihren Zustand zu vermitteln. Technische Schwierigkeiten hinderten die Taubstummen daran, Worte von den Lippen der gefilmten Personen abzulesen.

«Es wurde ganz offensichtlich für uns», sagte Dr. Kagan, «daß viele Teile des Körpers, vielleicht bis zu einem gewissen Grad alle Teile, den Gefühlszustand eines Menschen reflektieren.»

Deutung der Gefühlslage

So wurde beispielsweise Sprechen, begleitet von Handbewegungen oder von Spielen mit dem Ring an einem Finger sowie von anderen unruhigen Bewegungen, samt und sonders als Nervosität, Verlegenheit und Furcht gedeutet. Wenn Augen und Gesicht plötzlich ‹zusammenfielen›, wenn die jeweilige Person sich zu bemühen schien, ihren Gesichtsausdruck ‹zurückzudrängen›, oder wenn ihre Gesichtszüge ‹verschwammen›, interpretierten die Taubstummen diesen Vorgang als Schuldgefühl.

Erkennen von Depressionen

Übermäßig sprunghafte Bewegungen wurden als Enttäuschung und Frustration gewertet, und eine zurückschrekkende, sich zusammenziehende Körperbewegung, mit deren Hilfe sich eine Person allem Anschein nach verstecken wollte, als depressiver Zustand. Kraft und Energie wurden beim plötzlichen Vorwärtsbewegen des Kopfes und des ganzen Körpers einschließlich der Arme und Schultern festgestellt, und Langeweile entdeckte man, wenn der Kopf sich zur Seite neigte, wenn er in geneigter Stellung verharrte und wenn man die Finger verschränkte. Nachdenklichkeit war mit einem intensiven Blick, einer gerunzelten Stirn und einem Blick nach unten verbunden. Der Wunsch, nichts zu sehen oder nicht gesehen zu werden, wurde dadurch signalisiert, daß man die Brille abnahm oder in eine andere Richtung schaute.

Die Zeichen der Langeweile

Diese Interpretationen wurden von Taubstummen gegeben. Geräusche konnten also keine Erklärung übermitteln. Die Interpretationen stimmten trotzdem genau. Die Gesten wurden im Gesamtkontext einer Szene gedeutet, aber die Szene spielte sich für die Deutenden völlig wortlos ab. Es scheint also, die Körpersprache könne allein als Kommunikationsmittel dienen, wenn wir die Fähigkeit besitzen, sie zu verstehen, wenn wir extrem empfindlich auf alle verschiedenen Bewegungen und Signale reagieren. Aber dazu ist die geschärfte Empfindlichkeit eines tauben oder taubstummen Menschen notwendig. Sein Gesichtssinn ist so verfeinert, sein Suchen nach miminalen und versteckten Anhaltspunkten so intensiv, daß der gesamte Zusammenhang einer Szene ihm allein durch Körpersprache übermittelt werden kann.

Szenischer Rahmen der Gesten

Der Körper als Szene

Der wahre Wert der Körpersprache steckt allerdings in der Mischung aus allen Kommunikationsebenen: der gesprochenen Sprache und was sonst noch mit der Stimme ausgesandt wird, mit der visuellen Sprache einschließlich der Körpersprache und der individuellen Vorstellungswelt sowie mit der Gesamtheit aller weiteren Kommunikationsmittel, die dem Menschen zur Verfügung stehen. Eines dieser anderen Kommunikationsmittel ist der Tastsinn, der sich manchmal mit dem Gesichtssinn überschneidet, in Wirklichkeit aber eine ursprünglichere Form der Kommunikation darstellt.

Komplex Körpersprache

Nach Dr. Lawrence K. Frank von der Harvard University lernt ein Kind die Welt zuerst mit dem Tastsinn kennen. Es berührt seine Mutter mit den Händen und beim Stillen mit dem Mund, es wird gestreichelt und geküßt und fühlt den Schutz ihrer Arme. Die Erziehung des Kindes setzt sich dann mit dem Eintrichtern von Berührverboten fort, um es den ‹eigentumsrechtlichen› Aspekten unserer Kultur anzupassen und ihm den Sinn für Besitz und Zugehörigkeit beizubringen. Für das Kind und den heranwachsenden Jugendlichen sind die Berührungen des eigenen Körpers, die Masturbation, die Entdeckung der beginnenden Männlichkeit durch erotische Berührungen, die gegenseitige Körpererkundung mit dem Liebespartner alles Aspekte der taktilen Kommunikation.

Der Tastsinn

Berührverbot und Eigentum

Das sind allerdings die offensichtlichsten Aspekte. Wir können auch durch Kratzen, durch Beklopfen oder Drücken von Gegenständen mit uns selbst kommunizieren. Wir sagen: ‹Ich bin mir meiner selbst bewußt. Ich verschaffe mir Freude und Befriedigung.› Mit anderen Menschen kommunizieren wir taktil durch Händehalten, Händeschütteln und

Taktile Kommunikation

alle Arten von Berührungen und sagen damit: ‹Sei beruhigt. Sei sicher und gelöst. Du bist nicht allein. Ich mag dich.›

Es ist schwierig, die Grenze, an der Körpersprache aufhört und taktile Kommunikation beginnt, genau zu definieren. Sie ist zu verwischt und unbestimmt.

Körpersprache und Therapie

Den meisten Nutzen aus dem Verständnis der Körpersprache zieht bisher die Psychiatrie. Prof. Scheflens Arbeit hat uns gezeigt, wie wichtig es für Therapeuten ist, Mittel der Körpersprache bewußt zu benutzen, und Dr. Buchheimer und andere haben das Verständnis der Körpersprache auf das Gebiet der Selbstkonfrontation und Selbsterkenntnis übertragen.

Fingerfarben-Therapie

Dr. Buchheimer berichtet von einer Gruppe erwachsener Patienten, denen man Fingerfarben als therapeutisches Mittel gab. «Das Fühlen der Farben, die sie über das Papier schmierten, würden sie, wie wir hofften, von einigen der Hemmungen befreien, die den therapeutischen Prozeß verlangsamten. Um ihnen das Verständnis für den Vorgang zu erleichtern, filmten wir sie bei der Arbeit und führten ihnen anschließend die Filme vor.»

Eine Patientin hatte, wie er sagte, eine Ehe hinter sich, die nicht zuletzt durch ihre sexuellen Probleme fehlgeschlagen war. Jetzt, in ihrer zweiten Ehe, war sie der Meinung, ihr Sexualleben sei weit zufriedenstellender, aber trotzdem drohte auch diese Ehe in die Brüche zu gehen.

Schreckreaktion vor der Erotik

Als sie mit ihren Fingerfarben ein schreiendes Purpur und Scharlachrot produzierte, rief sie plötzlich aus: «Wie erotisch das doch aussieht!» Im gleichen Augenblick schlug sie die Beine übereinander.

Als ihr der Film gezeigt wurde und man sie mit der eigenen Reaktion auf das taktile Erfassen der Sexualität konfrontierte, konnte sie einfach nicht glauben, daß sie auf diese Weise reagiert hatte. Bei einer Diskussion über die Bedeutung übergeschlagener Beine in der Körpersprache

Symbolische Befreiung

stimmte sie jedoch zu, daß dies eine Methode sei, Sex symbolisch abzuschütteln und abzulehnen. Das gilt besonders im Zusammenhang mit ihren anderen Aktionen, mit ihrem Kommentar über das ‹erotische› Bild. Sie gab zu, daß sie immer noch sexuelle Probleme hatte. Von diesem Zeitpunkt an begann sie zu verstehen, daß ihre zweite Ehe unter denselben Schwierigkeiten litt wie die erste. Als sie diese Situation verstanden hatte, konnte sie auch die zur Lösung des Problems nötigen Schritte tun.

Hier haben wir ein klassisches Beispiel dafür, wie das Verständnis für eine symbolische Geste der Körpersprache, die man selbst benutzt, die Augen für das Ausmaß eines Problems öffnen kann. Dr. Fritz Perls, der Psychologe, der die Gestalt-Therapie (die psychiatrische Therapie, bei der man die Körpersprache als eines der grundlegenden Heilmittel benutzt) begründete, sagt von seiner Methode: «Wir versuchen, das Offensichtliche, die Oberfläche der Situationen, in denen wir uns befinden, in den Griff zu bekommen.»

Körpersprache und Gestalt-Therapie

Nach Dr. Perls besteht die grundlegende Technik der Gestalt-Therapie nicht darin, dem Patienten Dinge zu erläutern, sondern darin, ihm Gelegenheit zu geben, sich selbst zu verstehen und zu entdecken. Dr. Perls erklärt, wie er das erreicht: «Auf den größten Teil des Inhalts der Äußerungen meiner Patienten achte ich erst gar nicht und konzentriere mich vor allem auf die nicht-verbale Ebene, weil sie die einzige ist, die nicht so anfällig für Selbsttäuschungen ist.» Die nicht-verbale Ebene ist natürlich die Ebene der Körpersprache.

Therapie durch Selbstverständnis

Als Beispiel für das, was Dr. Perls meint, geben wir hier eine seiner Sitzungen mit einer dreißigjährigen Patientin wieder. Der Dialog wurde von einem psychiatrischen Lehrfilm entnommen.

Dialog aus einer Sitzung

Patientin: Im Augenblick habe ich furchtbare Angst.

Arzt: Sie sagen, daß Sie Angst haben, aber sie lächeln. Ich verstehe nicht, wie jemand Angst haben und gleichzeitig lächeln kann.
(Die Patientin ist verwirrt, ihr Lächeln wird unsicher und erstirbt dann.)

Patientin: Auch vor Ihnen habe ich irgendwie Angst. Ich glaube, Sie verstehen das sehr gut. Ich glaube, Sie wissen, daß ich lächle oder Spaß mache, wenn ich Angst habe, um dadurch meine Angst zu verbergen.

Arzt: Also, haben Sie Lampenfieber?

Patientin: Ich weiß nicht. Ich bin mir vor allem Ihrer Gegenwart bewußt. Ich fürchte mich davor, daß . . . daß Sie mich so direkt angreifen, daß ich Angst habe, Sie trieben mich damit in eine Ecke, und davor fürchte ich mich. Ich möchte, daß Sie auf meiner Seite sind.

(Bei diesen Worten schlägt die Patientin sich unbewußt gegen die Brust.)

Arzt: Sie sagten, ich triebe Sie in eine Ecke, und dabei schlagen Sie sich gegen die Brust. (Dr. Perls wiederholt die Geste des Schlagens, und die Patientin starrt auf ihre Hand, als sähe sie sie zum erstenmal. Dann wiederholt sie nachdenklich die Geste.)

Patientin: Oooh.

Arzt: Was möchten Sie jetzt tun? Können Sie die Ecke beschreiben, in die Sie gern gehen würden?

(Die Patientin dreht sich um, um die Ecken des Zimmers anzustarren, und empfindet das Zimmer plötzlich als eine Art Gefängnis.)

Patientin: Ja, die Ecke dort hinten, wo man vollkommen geschützt ist.

Arzt: Dort wären Sie also sicherer vor mir?

Patientin: Also, ich weiß, daß es in Wirklichkeit nicht stimmt. Vielleicht ein bißchen sicherer.

(Sie starrt immer noch in die Ecke und nickt.)

Arzt: Stellen Sie sich einmal vor, daß Sie schon in der Ecke sind, was würden Sie dort tun?

(Sie überlegt einen Augenblick. Ein zufällig dahingesagter Satz – ‹in die Ecke treiben› – ist jetzt zu einer greifbaren Situation geworden.)

Patientin: Ich würde nur dasitzen.

Arzt: Sie würden nur dasitzen?

Patientin: Ja.

Arzt: Wie lange würden Sie dasitzen?

(Als befände sich die Patientin tatsächlich in einer Ecke, wird ihre Position die eines kleinen Mädchens auf einem Hocker.)

Patientin: Ich weiß nicht, aber es ist komisch, daß Sie so was sagen. Das erinnert mich an die Zeit, als ich ein kleines Mädchen war. Immer wenn ich Angst hatte, ging es mir besser, wenn ich in einer Ecke saß.

Arzt: Sind Sie also ein kleines Mädchen?

(Die Patientin ist abermals verwirrt, weil ihre Bemerkung anschaulich gemacht wurde.)

Patientin: Also nein, aber es ist das gleiche Gefühl.

Arzt: Sind Sie ein kleines Mädchen?

Patientin: Dieses Gefühl erinnert mich daran.

(Der Arzt zwingt sie zur Konfrontation mit dem Gefühl, ein kleines Mädchen zu sein, und fährt fort.)

Arzt: *Sind* Sie ein kleines Mädchen?

Patientin: Nein, nein, nein!

Arzt: Nein. Wie alt sind Sie?

Patientin: Dreißig.

Arzt: Dann sind Sie kein kleines Mädchen.

Patientin: Nein!

In einer späteren Szene sagt der Arzt:

Arzt: Wenn Sie sich stumm und dumm stellen, zwingen Sie mich, genauer zu werden.

Patientin: Das hat man mir schon früher mal gesagt, aber ich falle nicht darauf rein.

Arzt: Was machen Sie gerade mit Ihren Füßen?

Patientin: Ich wippe.

(Sie lacht, weil das Wippen mit den Füßen ihr bewußt macht, daß sie etwas vortäuscht. Der Arzt lacht ebenfalls.)

Arzt: Sie machen nur Spaß.

Später erklärt die Patientin:

Patientin: Sie behandeln mich, als wäre ich stärker, als ich in Wirklichkeit bin. Ich möchte, daß Sie mich mehr beschützen, daß Sie netter zu mir sind.

(Ihre Stimme ist ärgerlich, aber sie lächelt bei den eigenen Worten. Der Arzt imitiert ihr Lächeln.)

Arzt: Sind Sie sich bewußt, daß Sie lächeln? Sie glauben doch kein Wort von dem, was Sie sagen.

(Er lächelt ebenfalls, und zwar entwaffnend, aber sie schüttelt den Kopf.)

Patientin: Nein, das stimmt nicht.

(Sie versucht, nicht mehr zu lächeln, aber der Arzt hat ihr bewußt gemacht, daß sie tatsächlich gelächelt hat.)

Ich weiß, Sie denken doch nicht etwa, daß ich . . .

Arzt: Aber sicher. Sie bluffen. Sie täuschen etwas vor.

Patientin: Glauben Sie . . . meinen Sie das im Ernst?

(Nun ist ihr Lächeln unsicher und verschwindet langsam.)

Arzt: Ja. Sie lachen und kichern und winden sich. Also täuschen Sie etwas vor.

(Er karikiert ihre Bewegungen, läßt die Patientin also sehen, wie ihre Bewegungen bei ihm ankommen.)
Sie inszenieren eine Vorstellung für mich.

Patientin: Oh, das muß ich entschieden ablehnen.
(Lächeln und Kichern sind verschwunden, und sie ist ärgerlich – mit der Stimme und dem Körper.)

Arzt: Können sie sich genauer ausdrücken?

Patientin: Ja. Ich täusche ganz bestimmt nichts vor. Ich gebe zu, daß es mir schwerfällt, meine Verlegenheit zu zeigen. Ich hasse es, verlegen zu sein, aber ich verwahre mich dagegen, daß Sie behaupten, ich täusche etwas vor. Daß ich lächle, wenn ich verlegen bin oder mich in eine Ecke gedrängt sehe, heißt noch lange nicht, daß ich etwas vormache.

Arzt: In der letzten Minute haben Sie sich aber selbst etwas vorgemacht.

Patientin: Also, ich bin wütend auf Sie.
(Sie lächelt wieder.)

Arzt: Und nun das! Das!
(Er imitiert ihr Lächeln.)
Taten Sie das, um Ihre Wut auf sich selbst zu verbergen? In dieser Minute, in diesem Augenblick, welches Gefühl haben Sie da gehabt?

Patientin: Also, in dieser Minute war ich wütend, ich war allerdings nicht verlegen.

Symbolgehalt der Körpersprache

Wichtig bei dieser Sitzung ist die Art, wie Dr. Perls die Körpersprache der Patientin aufgreift – ihr Lächeln, ihr Wippen mit den Füßen, sogar ihren Wunsch, in einer Ecke zu sitzen – und ihr vorhält, wie er die Patientin zwingt, den Symbolgehalt der eigenen Körpersprache anzuerkennen. Er zeigt ihr, daß ihr Lächeln und Lachen nur Verteidigungsmittel sind, um die wirklichen Gefühle zu mildern, den Ärger und die Wut, die sie nicht in sich aufkommen lassen

Aktive Selbstkonfrontation

will, weil das zu destruktiv sein könnte. Erst gegen Ende der Sitzung wird sie so wütend, daß sie ihr Verteidigungslächeln aufgibt und ihre wahren Gefühle ausdrückt. Das ist aktive Selbstkonfrontation.

Wie dieses Beispiel zeigt, kann die Wirkung der Kombination von Körpersprache und Selbstkonfrontation sein, einem Menschen bewußtzumachen, daß die Äußerungen seines Körpers den Äußerungen seines Mundes widersprechen. Wenn man erkennt, was man mit seinem Körper macht, lernt man sich selbst gründlicher und bedeutsamer verstehen. Wenn man seine Körpersprache kontrollieren kann, kann man viele Verteidigungsbarrieren durchbrechen, die man sich selbst errichtet hat.

Gefälschte Körpersprache

Kürzlich beobachtete ich ein außerordentlich gutaussehendes Mädchen bei einer Tanzveranstaltung. Ich sah sie mit einer Freundin an der Wand stehen – stolz, kühl und unnahbar für jedermann wie Schneewittchen im Märchen.

Das schöne Mauerblümchen

Ich kannte das Mädchen, und ich wußte, daß es alles andere als kühl und stolz war. Später fragte ich, weshalb es so unnahbar gewesen sei.

«Ich und unnahbar?» sagte das Mädchen ehrlich überrascht. «Und die Jungen? Niemand von ihnen kam und unterhielt sich mit mir. Ich hätte für mein Leben gern getanzt, aber ich wurde nicht aufgefordert.» Ein wenig tragisch fügte es hinzu: «Ich bin der einzige Teenager der Schule, der bereits eine alte Jungfer ist. Schauen Sie sich mal Ruth an. Sie ist so alt wie ich, und sie hat jeden Tanz getanzt, und Sie kennen sie. Sie ist wirklich alles andere als eine Schönheit.» Ruth ist in der Tat alles andere als eine Schönheit. Sie ist dick und wenig attraktiv, aber sie hat das ‹gewisse Etwas›! Ruth lächelt alle Leute an. Ruth bricht alle Barrieren und jeden Widerstand. Ruth erlaubt den Jungen, sich bei ihr wohl und selbstsicher zu fühlen. Die Jungen wissen, daß Ruth nie ‹Nein› sagt, wenn man sie zum Tanzen auffordert. Ihre Körpersprache ist dafür Gewähr. Meine schöne junge Freundin, die an der Oberfläche so ruhig und kühl ist, versteckt die sehnsüchtige Schüchternheit, mit der sie kämpft. Sie signalisiert: ‹Bleib weg. Ich bin unnahbar. Wenn ihr mich zum Tanzen auffordert, ist es euer eigenes Risiko.› Welcher Jüngling wird sich aber dem Risiko einer Abfuhr aussetzen? Man gehorcht also den Signalen und wendet sich an Ruth.

Die dicke, attraktive Ruth

Abweisende Schüchternheit

Mit einiger Übung könnte meine junge Freundin lernen, zu lächeln, ihre Schönheit weicher und sich selbst erreichbar zu machen. Sie müßte Körpersprache lernen, damit sie den Jungen signalisieren kann: ‹Man darf mich auffordern, ich werde ‚Ja' sagen.› Zunächst müßte sie jedoch die Signale verstehen. Sie muß wissen, wie sie auf andere wirkt, sie

Das befreiende Signal

muß sich mit sich selbst konfrontieren, erst dann kann sie sich ändern.

Wir alle können lernen, daß wir uns zugänglicher machen und befreien können, wenn wir das Ich, das wir sein möchten, das Ich, das wir bisher versteckten, endlich offenbaren und ausdrücken.

Es gibt viele Mittel, um dies zu erreichen, auch Mittel, die die Körpersprache ‹fälschen›, um ein Ziel zu erreichen. Alle Bücher über Selbstvervollkommnung, über die Kunst, Freunde zu gewinnen, und über die Technik, sich bei anderen Menschen beliebt zu machen, kennen die Bedeutung der Körpersprache und die Bedeutung der gezielten Fälschung von Körpersprache, wenn man zum Beispiel signalisieren will: ‹Ich bin ein ganz fabelhafter Mensch. Ich bin zuverlässig. Ich möchte Ihr Freund sein. Vertrauen Sie mir!›

Gefälschte Körpersprache

Lernen Sie die für solche Botschaften geeigneten Signale und wenden Sie sie an – das garantiert Ihnen gesellschaftlichen Erfolg.

Die Charme-Schulen

Die Charme-Schulen wissen das und benutzen die Technik, wenn sie den Mädchen eintrichtern, wie sie anmutig sitzen und gehen und stehen sollen. Falls Sie daran zweifeln, schauen sie nur einmal bei einer Schönheitskonkurrenz zu und beobachten Sie, wie man den Teilnehmerinnen die Anwendung von Körpersprache beigebracht hat, um charmant und attraktiv zu scheinen. Manchmal wirkt es falsch und erlogen, aber man muß den Mädchen für ihren Versuch die Note 1 geben. Ihre Gesten sind erprobt und exakt. Sie wissen, wieviel man mit Körpersprache signalisieren kann.

Politiker benutzen Körpersprache

Die Politiker haben gelernt, wie wichtig die Körpersprache ist, und sie wenden sie an, um ihre Reden zu akzentuieren und lebendig zu gestalten. Mit der Körpersprache wollen sie als angenehmere und akzeptablere Persönlichkeiten erscheinen und ihr Image aufbessern. Franklin D. Roosevelt und Fiorello LaGuardia, der ehemalige Bürgermeister von New York, beherrschten beide die Körpersprache instinktiv. Obwohl Roosevelt körperbehindert war und seinen Körper niemals in einer Stellung sehen ließ, die den Defekt offensichtlich machte (er kannte den körpersprachlichen Eindruck einer solchen Erscheinung zu gut), war fähig, die Körpersprache zur Übermittlung eines selbstsicheren und kontrollierten Persönlichkeitsbildes zu benutzen. La-

Der volkstümliche Politiker

Guardia übermittelte ein anderes Image, ein häusliches und erdverbundenes, das Image des Mannes aus dem Volk. Es gelang ihm durch Gesten und Körperbewegungen und eine erstaunliche Kenntnis nicht nur des englischen, sondern auch des italienischen und jiddischen Vokabulars der Körpersprache.

L. B. Johnsons Armbewegungen

Es gibt aber auch Leute, die trotz angestrengtester Versuche die Grammatik der Körpersprache nie beherrschen lernen. Lyndon B. Johnson schaffte es niemals so recht. Seine Armbewegungen waren immer zu einstudiert, zu manieriert, sahen immer zu sehr danach aus, als absolviere er ein auswendig gelerntes Pensum.

Nixons Übertreibungen

Der übertriebene Gebrauch eines begrenzten Vokabulars der Körpersprache machte Richard M. Nixon zum lohnenden Ziel von Imitatoren, die lediglich eine oder zwei von Nixons typischen Gesten aufzugreifen und zu übertreiben brauchten, um den Zuschauern eine verblüffend echte Imitation zu bieten.

In seinem Beitrag zu dem Sammelband ‹*Explorations in Communication*› erklärt Prof. Birdwhistell, ein geübter ‹Linguist-Kinesiker› müßte schon dann die Bewegungen eines Menschen kennen, wenn er nur seine Stimme hört.

Beziehung Wort–Bewegung

Wenn das stimmt, besteht zwischen Worten und Bewegungen eine feste Beziehung. Wenn ein Redner eine bestimmte Armbewegung macht, müßte er gleichzeitig die damit verbundene Äußerung von sich geben. Wenn Billy Graham beispielsweise «Ihr lenkt den Zorn des Himmels auf euch herab» donnert, weist er mit einem Finger nach oben, und wenn er «Ihr werdet geradewegs zur Hölle fahren» hinzufügt, bewegt sich der Finger nach unten, als wüßten wir, daß es mit uns abwärts geht.

Billy Grahams Zeigefinger

Hier handelt es sich um eine ganz offensichtliche und unkomplizierte Verbindung von Wort und Signal, aber sie ist nichtsdestoweniger sehr einleuchtend, und das Publikum akzeptiert sie und läßt sich durch sie beeindrucken.

Stottern in der Körpersprache

Und gerade weil es passende Verbindungen gibt, kann man argumentieren, daß manche Menschen diese Verbindungen verzerren und in den falschen Zusammenhang bringen. Manche tun das nur mit Worten. Sie stottern oder stammeln oder sprechen mit einer Stimme, die zu hoch oder zu tief ist, und damit nehmen sie dem Inhalt ihrer Worte alle Substanz. Es ist genauso leicht, in der Körpersprache zu stottern oder zu stammeln und die falsche Geste für das falsche Wort zu benutzen.

Vielleicht hört das Publikum die Worte und versteht sie, aber ein gut Teil der Botschaft wird verlorengehen oder verzerrt empfangen, und dann steht man vor einem ‹abweisenden› Publikum. Die Rede ist ohne Kraft, ohne Emphase, ohne alles, was das berühmte ‹Charisma› ausmacht.

Verzerrte Botschaft

Wie verwirrend die falsche Körpersprache sein kann, wurde vor wenigen Jahren sehr deutlich von dem Komiker Pat Paulson demonstriert. Er gab vor, sich für ein politisches Amt zu bewerben, und mokierte sich dann auf äußerst lustige Weise über die anderen Kandidaten, die damals im Gespräch waren, indem er mit ausdrucksloser Stimme sprach, um alle Emotionen zu verbannen, und sein Gesicht dabei gleichgültig machte, um auch den letzten Rest von Emotionen verschwinden zu lassen. Gleichzeitig benutzte er bei seiner Nummer die falschesten Körperbewegungen, die sich denken ließen. Das Gesamtresultat war ein pseudopolitisches Desaster.

Der Negativbeweis des Komikers

Unglücklicherweise ist ein derartiges Desaster auch in der Realität möglich, wenn ein Politiker entweder zu gehemmt und unbeholfen ist, um die korrekten Gesten anzuwenden, oder wenn er sie überhaupt nicht kennt. William J. Fulbright und Arthur Goldberg haben beide grundlegende und wichtige Beiträge für die Politik der USA geleistet, aber ihre Reden entbehren so sehr aller Grundlagen der passenden Körpersprache, daß Zuhörer den Eindruck haben, beide Politiker seien platt und einfallslos. Dasselbe gilt für George McGovern und in geringerem Maß für Eugene McCarthy.

Starre Politiker

Eugene McCarthy

McCarthys Popularität ist bei jungen Leuten am größten, weil junge Leute imstande sind, der Art, wie er redet, nicht so viel Beachtung zu schenken wie dem eigentlichen Inhalt seiner Worte. Für die Masse des amerikanischen Volkes gilt aber leider, daß oft die Art, wie Dinge gesagt werden, daß die benutzte Körpersprache wichtiger sind als das, was gesagt wird.

Vor wenigen Jahrzehnten besaß der andere McCarthy, Joseph McCarthy, ein beängstigend wirksames Redetalent und beherrschte die Körpersprache so perfekt wie die besonders bibelgläubigen Erweckungsprediger.

Obgleich die politischen Grundsätze von George Wallace für viele Leute nur schwer zu schlucken waren, benutzte er bei seiner Präsidentschaftskampagne die Körpersprache,

Der ehrbare George Wallace

um ein ‹ehrbares› Image von sich zu schaffen. Eine genaue Analyse von George Wallace in Aktion macht es – besonders dann, wenn man die Stimme abschaltet – deutlich, daß seine Körpersprache den eigentlichen Inhalt seiner Reden überschrie.

William Buckley aus New York ist ein Mann, dessen politische Ansichten weit rechts von der Mitte liegen, aber seine Fernsehauftritte hatten immer ein erstaunlich großes Publikum, wobei es sich nur zum Teil um Leute handelte, die ebenfalls rechts von der Mitte standen. Seine Anziehungskraft liegt weniger im Inhalt als in der Darstellung seiner Reden. Außer der ganz offensichtlichen Haltung, die alle Politiker benutzen, die man aus der Entfernung erlebt, beherrscht Buckley auch die subtileren Nuancen der Körpersprache ganz ausgezeichnet. Mit bemerkenswerter Mühelosigkeit benutzt er sein Gesicht, zieht die Augenbrauen hoch, nimmt die Hände vor die Augen, bewegt die Lippen und die Wangen und zeigt eine Vielfalt von Gesichtsausdrücken.

Ausverkauf der Argumente

Die Gesamtwirkung ist Lebhaftigkeit und Animiertheit und fügt seinen Äußerungen das Moment der Aufrichtigkeit hinzu.

John Lindsay ruft ebenfalls den Eindruck der Aufrichtigkeit hervor, seine Bewegungen sind jedoch weniger aufdringlich, dezenter, nicht so übertrieben wie bei Buckley, und mit dem Eindruck von Aufrichtigkeit erhalten wir gleichzeitig den Eindruck souveräner Ruhe – noch mehr –, den einer gewissen zurückhaltenden Klugheit, die durch die Unauffälligkeit seiner Bewegungen erzielt wird.

Lindsays souveräne Ruhe

Ted Kennedy besaß die gleiche Fähigkeit, und wie bei Buckley und Lindsay wurde sie auch bei ihm durch gutes Aussehen unterstützt. Sie half ihm, eine jungenhafte Offenheit auszustrahlen, die mit dem, was er tat, in diametralem Widerspruch stehen kann, unseren Widerstand aber trotzdem brach.

Ted Kennedy

Pierre Trudeau, der kanadische Ministerpräsident, besitzt die gleiche Offenheit, aber ein noch größeres Maß an Lebhaftigkeit, das er vielleicht seinen französischen Vorfahren verdankt. Sie erlaubt ihm, seinem politischen Image eine weitere Dimension hinzuzufügen. Er ist der Weltgewandte, der typische Stadtmensch, auch der Playboy, aber alles im positiven Sinn. Seine Körpersprache sagt uns: ‹Sehen Sie, ich genieße all die Dinge, die Sie gern genießen

Pierre Trudeau

würden. Ich verschaffe Ihnen etwas davon, wenn Sie auf meiner Seite sind.›

Das Wie, nicht das Was

Sobald man beginnt, den Bewegungsstil eines Menschen, seine Gesten und den Wechsel seines Gesichtsausdrucks zu untersuchen, beginnt man auch zu verstehen, wie sehr sich alle Politiker auf die Körpersprache verlassen, um ihre Worte und ihre Persönlichkeit annehmbar zu machen. Die wirklich guten – gut in dem Sinn, daß sie mit ihrem Körper jede nur mögliche Gefühlsregung ausdrücken können – brauchten sich noch nie darum zu kümmern, was sie eigentlich sagten. Es kam immer nur auf die Art und Weise an, wie sie es sagten.

Sie waren alle gute Schauspieler, und alle guten Schauspieler müssen Meister im Gebrauch der Körpersprache sein. Ein strenger Ausleseprozeß garantiert dafür, daß nur diejenigen Erfolg haben, die Vokabular und Grammatik der Körpersprache perfekt beherrschen.

Natürlich hat es allgemein bekannte Ausnahmen gegeben. Nelson Eddy gehörte zu ihnen. Er wurde auf Grund seiner Fähigkeit als Sänger in den dreißiger Jahren Schauspieler, und wie viele andere Sänger lernte auch er niemals die Grundlagen der Körpersprache. Bei seinen Auftritten bewegte er sich hölzern, und seine Armbewegungen wirkten roboterhaft. Vergleicht man ihn mit Gary Cooper, einem ebenfalls ‹hölzernen› Burschen, so fällt einem auf, daß Cooper diesen ‹Fehler› benutzte, um durch unbewußte Bewegungen Festigkeit und männliche Zuverlässigkeit auszustrahlen.

Der hölzerne Gary Cooper

Gesamtbild

Mit der Untersuchung und Analyse der Körpersprache, mit dem Aufstieg der Kinesik zur Wissenschaft werden die Ergebnisse der Forschung mehr und mehr auch anderen Wissenschaften verfügbar. Aus Anlaß der 55. Annual Convention of the Speech Association of America hat Prof. Stanley E. Jones kürzlich einen Bericht veröffentlicht, in dem er Prinzipien der Körpersprache benutzte, um Dr. Halls Feststellung anzugreifen, einer der grundlegenden Unterschiede zwischen einzelnen Kulturen sei die verschiedene Behandlung des Raums. Lateinamerikaner, so Dr. Hall, stehen beim Gespräch näher zusammen als Chinesen oder Neger, und Araber stehen noch näher zusammen als die Angehörigen romanischer Völker.

Nach zweijähriger Arbeit in Harlem, Chinatown, Little Italy und Spanish Harlem, also ausnahmslos in den New Yorker Stadtvierteln mit geschlossenen ethnischen Gruppen, legte Prof. Jones Material vor, wonach sich dieses Muster ändert. Er glaubt, die Bedingungen der Armut hätten diese Menschen gezwungen, einen Teil ihres kulturell bedingten Verhaltens zu ändern. Nach Prof. Jones gibt es eine «Kultur der Armut», die stärker ist als der kulturelle Hintergrund ethnischer Gruppen.

Kultur der Armut

Als Prof. Jones seinen Bericht in einem Zeitungsinterview erläuterte, sagte er: «Als ich anfing, die Verhaltensmuster der kulturellen Untergruppen zu untersuchen, die in dem sogenannten Schmelztiegel New York leben, erwartete ich zunächst als Ergebnis, daß sich die ethnischen Unterschiede nicht verwischten. Ich war jedoch sehr überrascht, als ich entdeckte, daß die Armut die verschiedenen Gruppen zwang, sich bemerkenswert konform zu verhalten.»

Armut nivelliert Unterschiede

In übervölkerten Stadtvierteln mit unzureichenden Wohnverhältnissen stellte Prof. Jones fest, daß sich praktisch alle Menschen bis auf ungefähr dreißig Zentimeter nähern, ganz gleich, welcher Bevölkerungsgruppe sie angehören.

Diese Verwendung von Ergebnissen der Kinesik im Dienste soziologischer Forschung zeigt den Einfluß der Armut auf die Kultur. Die Kultur der Armen in den USA nivelliert anscheinend ethnische und nationale Unterschiede. Die USA sind tatsächlich ein Schmelztiegel geworden, aber es ist die Armut, die alle Barrieren niederreißt und eine gemeinsame Körpersprache erzeugt.

Kinesik und Soziologie

Man sollte diese Arbeit weiterführen und untersuchen, welche anderen Erscheinungen außer dem Raumbegriff noch von der Armut beeinflußt werden. Man könnte sie auch in einer anderen Richtung fortsetzen und sehen, ob auch der Reichtum die ethnischen Regeln der Körpersprache zusammenbrechen läßt. Sind die ökonomischen Zwänge stärker als die kulturellen?

Die Rolle des ökonomischen Zwangs

Dem zukünftigen Erforschen der Körpersprache stehen beliebig viele Untersuchungsgebiete offen. Glücklicherweise ist der materielle Aufwand bei Untersuchungen sehr gering. Ich kenne zwar eine Reihe von komplizierten For-

Forschungsaufwand

schungsvorhaben, die mit von Video-Recordern, Schmalfilmen und Dutzenden von freiwilligen Studenten durchgeführt wurden, aber ich kenne ebenfalls die geradezu umwerfend hübsche Untersuchung eines vierzehnjährigen Jungen, der von seinem Schlafzimmerfenster aus eine Telefonzelle beobachten konnte. Mit einer Acht-Millimeter-Kamera nahm er die Leute auf, die die Zelle benutzten, bis sein Taschengeld erschöpft war, und ließ die Filme dann auf dem Projektor in Zeitlupe ablaufen, wobei er jede Bewegung notierte und identifizierte.

Ich kenne einen Studenten, der sich mit einer Untersuchung über die Art, wie Leute auf einer bevölkerten Straße aneinander vorbeigehen, auf seine Promotion vorbereitet.

Das Ritual des Vorbeigehens

«Wenn genug Platz vorhanden ist», erklärte er, «warten sie, bis sie sich auf knapp drei Meter genähert haben, und dann gibt jeder dem anderen ein Zeichen, damit sie beide ihre Richtung etwas ändern und aneinander vorbeigehen können.» Er hat allerdings noch nicht entdeckt, mit welchem genauen Signal in welcher spezifischen Verwendungsweise man sich mitteilt, welche Richtung man einschlagen will.

Manchmal werden die Signale natürlich nicht richtig verstanden, und beide Leute stehen sich unversehens direkt gegenüber und gehen gleichzeitig nach links und dann gleichzeitig nach rechts, lächeln sich entschuldigend an und gehen erst dann aneinander vorbei. Freud nannte das eine sexuelle Begegnung. Mein Bekannter nennt es «kinesisches Stottern».

Aufforderung zur Beobachtung

Die wissenschaftliche Kinesik steckt noch in den Kinderschuhen. Dieses Buch hat einige der Grundregeln der Körpersprache untersucht. Nun kennen Sie diese Grundregeln. Nehmen Sie einmal sich selbst, Ihre Freunde und ihre Familie unter die Lupe! Weshalb bewegen Sie sich so, wie Sie sich bewegen? Was bedeuten Ihre Bewegungen? Beherrschen Sie mit der Körpersprache andere Menschen oder ordnen Sie sich unter? Wie kommen Sie mit dem Raum zurecht? Meistern Sie ihn oder beeinflußt er ihr Verhalten?

Wie gehen Sie bei einer beruflichen Situation mit dem Raum um? Klopfen sie bei Ihrem Chef an die Tür und treten dann ein? Gehen Sie bis zu seinem Schreibtisch vor und beherrschen Sie Ihren Chef, oder bleiben Sie in respektvoller Entfernung stehen und erlauben ihm, Sie zu beherrschen? Wenn Sie ihm erlauben, Sie zu beherrschen, ist das für Sie eine Technik, ihn milde zu stimmen, oder eine Technik, ihn besser in den Griff zu bekommen?

Wie verlassen Sie einen Fahrstuhl, wenn Sie mit Geschäftsfreunden zusammen sind? Bestehen Sie darauf, als letzter auszusteigen, weil eine solche huldvolle Geste Sie von vornherein überlegen macht? Oder steigen Sie als erster aus und gestatten den anderen damit, Ihnen einen Gefallen zu tun, akzeptieren deren Höflichkeit, als stünde sie Ihnen zu? Oder verschaffen Sie sich durch Ihre Haltung Vorteile?

Welche dieser Verhaltensweisen ist Ihrer Meinung nach die ausgeglichenste? Welcher wird man bei einem vollkommen sicheren Menschen begegnen? Bedenken Sie jede. Ihr Ergebnis ist genauso wichtig wie das Ergebnis eines geschulten Psychologen. Die Kinesik ist eine neue Wissenschaft.

Wo setzen Sie sich in einem Vortragssaal hin? Ganz hinten, wo Ihnen ein gewisses Maß Anonymität sicher ist, obgleich Ihnen dadurch vielleicht einige Feinheiten der Vorlesung oder des Vortrags entgehen, oder ganz vorn, wo Sie bequem hören und sehen können, wo Sie aber auch von allen Seiten zu sehen sind?

Wie verhalten Sie sich bei zwanglosen geselligen Anlässen? Verschaffen Sie Ihren nervösen Händen mit einem Drink Festigkeit? Lehnen Sie sich aus Schutz- und Sicherheitsbedürfnis an einen Kamin? Er kann für die Hälfte Ihres Körpers als ‹Festiger› dienen, und Sie brauchen sich keine Sorgen darüber zu machen, was Sie vielleicht in Körpersprache sagen. Sie brauchen sich, genauer gesagt, nur halb so viel Sorgen zu machen. Bedenken Sie aber, daß allein die Art, wie Sie sich anlehnen, Sie verrät!

Wo nehmen Sie Platz? Auf einem Stuhl in der Ecke? In einer Gruppe von Bekannten oder in der Nähe eines Fremden? Was ist sicher, und was ist interessanter? Was drückt Schutzbedürfnis aus und was Reife?

Beginnen Sie gleich bei der nächsten Party, die Sie besuchen, mit Ihren Beobachtungen: Wer beherrscht die Runde? Warum? Wieviel ist auf Körpersprache zurückzuführen, und welche Gesten benutzten die ‹Anführer›, um sich zu profilieren?

Achten Sie darauf, wie die Leute in öffentlichen Verkehrsmitteln sitzen: Welchen Abstand halten sie von den anderen Fahrgästen ein, wenn der Wagen relativ leer ist? Was tun sie mit ihren Beinen, Füßen, Armen?

Erwidern Sie den Blick eines Fremden einen Sekundenbruchteil länger, als notwendig ist, und beobachten Sie, was passiert. Vielleicht steht Ihnen eine unangenehme Erfahrung bevor, aber es kann auch gute Erfahrungen dabei geben. Vielleicht ertappen Sie sich dabei, daß Sie plötzlich mit absolut fremden Leuten reden und Spaß daran haben.

Sie kennen jetzt die Grundvoraussetzungen und einige der Regeln. Unbewußt haben Sie das Spiel der Körpersprache schon während Ihres ganzen bisherigen Lebens gespielt. Spielen Sie es jetzt bewußt. Mißachten Sie ein paar Regeln und passen Sie auf, was passiert. Es wird überraschend sein, manchmal auch ein bißchen beängstigend, abenteuerlich, aufschlußreich und lustig, aber ich verspreche Ihnen, daß es niemals langweilig sein wird.

Bibliographie

ARDREY, R.: The Territorial Imperative. New York 1966, Athenium
BIRDWHISTELL, R. L.: Background to Kinesics. In: ETC: A Review of General Semantics 1955, Vol. 13,1
– Introduction to Kinesics. University of Louisville Press 1952
– The Kinesic Level in the Investigation of the Emotions. In: Expression of the Emotions of Man. New York 1963, International Universities Press
BRUNER, J. S., und R. TAGUIRI: The Perception of People. In: Handbook of Social Psychology. Cambridge, Mass., 1954, Addison Wesley
CARPENTER, C. R.: Territoriality. A Review of Concepts and Problems. In: Behavior and Evolution. New Haven 1958, University Press
CARPENTER, E., und M. MCLUHAN: Exploration in Communication. Boston 1968, Beacon Press
CHERRY, C.: On Human Communication. New York 1961, Science Editions Inc.
DARWIN, C.: The Expressions of the Emotions in Man and Animals. London 1872
DEUTSCH, F.: Analytic Posturology. In: Psychoanalytical Quarterly 1952, Vol. 28
DITTMANN, A., M. PARLOFF und D. BODMER: Facial and Bodily Expression: A Study of Receptivity of Emotional Cues. In: Psychiatry 1965, Vol. 28
EKMAN, P., E. R. SORENSON und W. V. FRIESEN: Pan-Cultural Elements in Facial Displays of Emotion. In: Science, April 1969, Vol. 164
FRANK, L.: Tactile Communication. In: ETC: A Review of General Semantics 1958, Vol. 16
GOFFMAN, E.: Behavior in Public Places. The Free Press 1969
– Encounters. Indianapolis 1961, Dobbs-Merril
– Interaction Ritual. Garden City, N. Y., 1967, Anchor Books
– Presentation of Self in Everyday Life. Garden City, N. Y., 1956, Anchor Books
HALL, E. T.: The Hidden Dimension. Garden City, N. Y., 1966, Doubleday
– Proxemics – A Study of Man's Spatial Relationship. In: Man's Image in Medicine and Anthropology. New York 1963, International Universities Press
– The Silent Language. Garden City, N. Y., 1959, Doubleday

KINZEL, A. F.: Towards an Understanding of Violence. In: Attitude 1969, Vol. 1

KOFFKA, K.: Principles of Gestalt Psychology. New York 1935

MAHL, G. F.: Gestures and Body Movements in Interviews. In: Research in Psychotherapy 1963, Vol. 3

MEHRABIAN, A., und M. WIENER: Non-Immediacy Between Communication and Object of Communication in a Verbal Message. In: Journal of Consulting Psychology 1966, Vol. 30

NIELSEN, G.: Studies in Self Confrontation. Kopenhagen und Cleveland o. J., Munksgaard-Howard Allen

ORTEGA Y GASSET, J.: Der Mensch und die Leute. München 1957, R. Oldenbourg Verlag KG

SCHEFELEN, A. E.: Human Communication. In: Behavioral Science 1968, Vol. 13

– Non-Language Behavior in Communication. Ansprache vor der New York Chapter of American Academy of Pediatrics, 2. September 1969

– Quasi-Courtship Behavior in Psychotherapy. In: Psychiatry 1965, Vol. 28

Significance of Posture in Communications Systems. In: Psychiatry 1964, Vol. 27

SOMMER, R.: Personal Space. New York 1969, Prentice Hall

TINBERGEN, N.: Curious Naturalists. New York 1958, Basic Books

WACHTEL, P. L.: An Approach to the Study of Body Language in Psychotherapy. In: Psychotherapy 1967, Vol. 4

science

Francis Crick
Was die Seele wirklich ist *Die naturwissenschaftliche Erforschung des Bewußtseins*
(rororo science 60257)
«Sie, Ihre Freuden und Leiden, Ihre Erinnerungen, Ihre Ziele, Ihr Sinn für Ihre eigene Identität und Willensfreiheit – bei alledem handelt es sich in Wirklichkeit nur um das Verhalten einer riesigen Ansammlung von Nervenzellen und dazugehörigen Molekülen.» *Francis Crick*

Alfred Gierer
Die gedachte Natur *Ursprünge der modernen Wissenschaft*
(rororo science 60552)

Hans Graßmann
Das Top Quark, Picasso und Mercedes-Benz *oder Was ist Physik? Mit einem hoffnungsvollen Nachwort zur Taschenbuchausgabe*
(rororo science 60806)

Rudolf Kippenhahn
Verschlüsselte Botschaften
Geheimschrift, Enigma und Chipkarte
(rororo schience 60807)

Karl Günter Kröber
Das Märchen vom Apfelmännchen
Band 1: Wege in die Unendlichkeit
(rororo science 60881)
Band 2: Reise durch das malumitische Universum
(rororo science 60882)

Detlef B. Linke
Hirnverpflanzung *Die erste Unsterblichkeit auf Erden*
(rororo science 60135)

rororo sachbuch

Alexander R. Lurija
Das Gehirn in Aktion *Einführung in die Neuropsychologie*
(rororo science 19322)

William Poundstone
Im Labyrinth des Denkens
Wenn Logik nicht weiterkommt: Paradoxien, Zwickmühlen und die Hinfälligkeit unseres Denkens
(rororo science 19745)

Tor Nørretranders
Spüre die Welt *Die Wissenschaft des Bewußtseins*
(rororo science 60251)

Alexei Sossinsky
Mathematik der Knoten *Wie eine Theorie entsteht*
(rororo science 60930)

Ulrich Schnabel / Andreas Sentker
Wie kommt die Welt in den Kopf? *Reise durch die Werkstätten der Bewußseinsforscher*
(rororo science 60256)

3744/3